漆紙文書と漆工房

古尾谷知浩【著】
FURUOYA Tomohiro

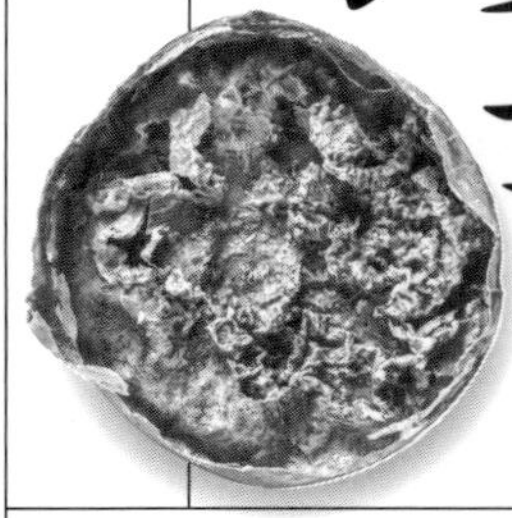

名古屋大学出版会

1　平城宮跡造酒司推定地南出土漆紙文書（奈良国立文化財研究所第 259 次調査）第 56 号文書，縮尺 100%（画像提供：奈良文化財研究所，以下同）

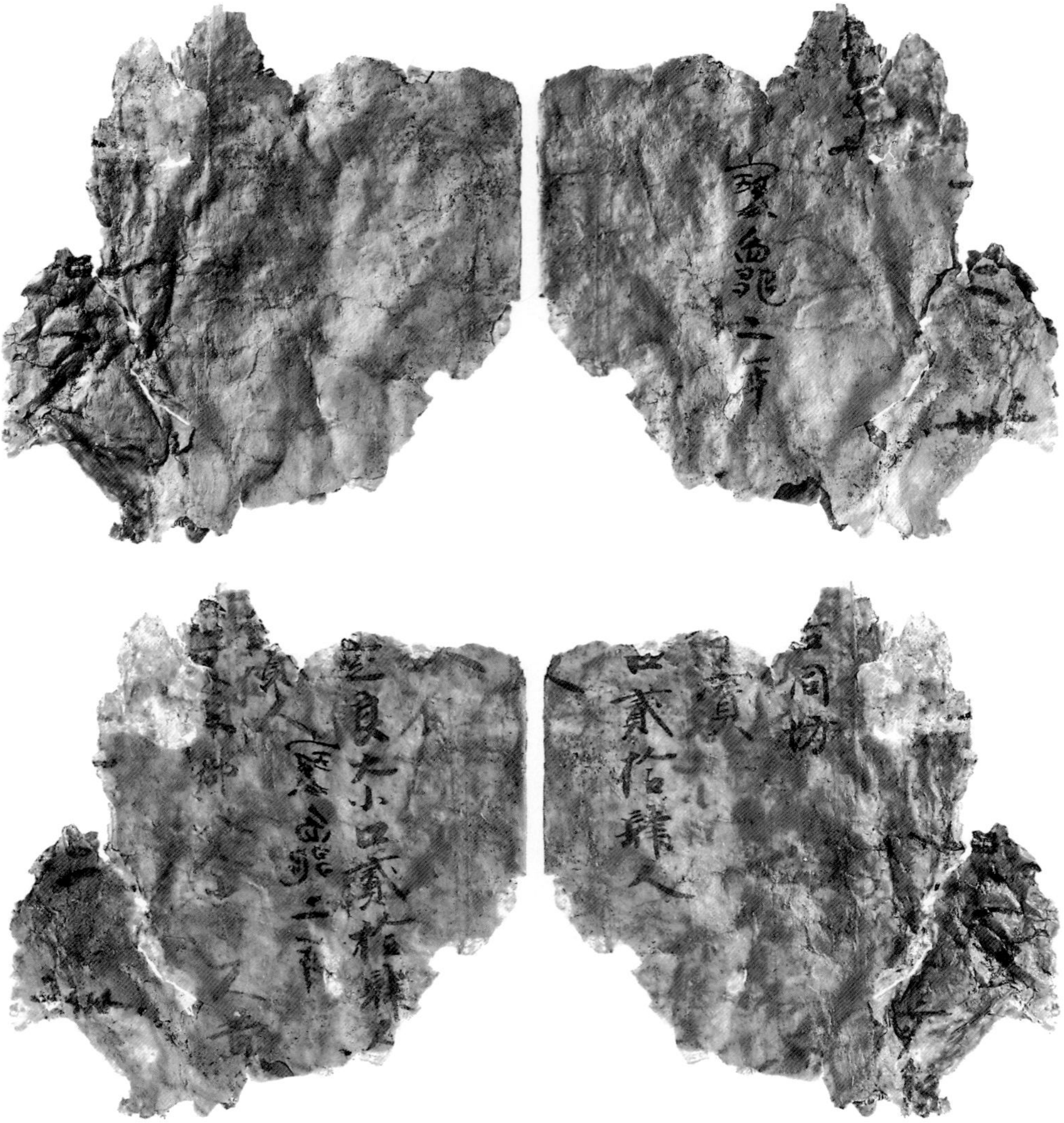

2　平城京跡左京二条二坊六坪出土漆紙文書（奈良国立文化財研究所第 68 次調査），上：第 5 号文書 a 面（赤外線画像），下：第 5 号文書 b 面（赤外線画像，裏焼き），縮尺 70%

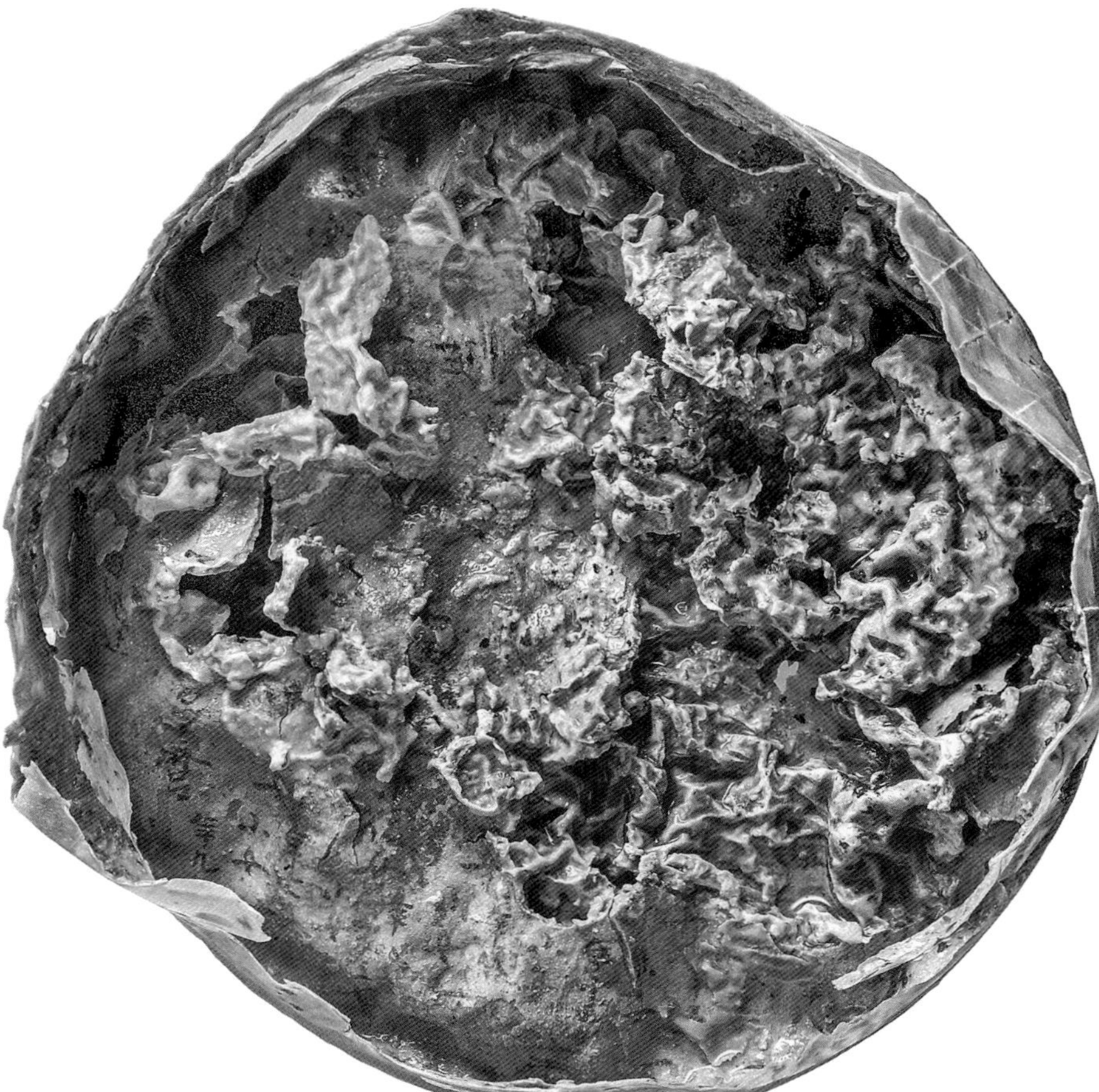

3　平城京跡左京八条一坊六坪出土漆紙文書（奈良国立文化財研究所第 160 次調査）第 9 号文書 a 面（赤外線画像），縮尺 70％

子曰学而時習之不亦悦乎馬曰子者男子之通称謂孔子也王曰時者学者以時誦習之誦習以時学無廃業所以為悦懌有朋自遠方来不亦楽乎包曰同門曰朋人不知而不慍不亦君子乎慍怒也凡人有所不知君子不怒也

4　平城京跡右京八条一坊十四坪出土漆紙文書（大和郡山市教育委員会調査）第 39～42 号文書 a 面（赤外線画像），縮尺 70%

漆紙文書と漆工房——目　次

例言

一、本書は、漆紙文書と漆工に関する既発表論文に修正を加え、新稿をあわせて、一書としたものである。
一、文中では研究者名の敬称を、謝辞に関わる場合を除き、省略した。
一、第Ⅰ部・第Ⅱ部においては、引用史料中の文字は、一部を除いて原則として常用字体を用いた。引用史料中、細字双行部分は［ ］に入れて示した。また、筆者による註は（ ）に入れて示した。
一、第Ⅲ部「漆紙・漆紙文書出土遺跡一覧」、「漆紙文書釈文集成」については、それぞれの凡例に従う。
一、木簡の釈文、法量記載、型式番号記載については、木簡学会編『木簡研究』の凡例に倣ったが、『木簡研究』未収録のもの（例えば長屋王家木簡・二条大路木簡など）については、発掘調査機関のそれに従った場合がある。
一、史料の出典として以下の略称を用いた場合がある。
『大日古』一―二三…『大日本古文書』（編年文書）の巻次および頁数
正集一　…正倉院古文書正集第一巻
続々修一―二三　…正倉院古文書続々修第一帙第二三巻
『城』　…奈良（国立）文化財研究所『平城宮発掘調査出土木簡概報』
その他、史料名につき通例の略称を用いた場合があるので、適宜類推されたい。
一、律令条文名に付した算用数字は、日本思想大系本『律令』（岩波書店、一九七六年）の条文番号である。
一、第Ⅲ部中の漆紙文書の釈文については、索引を別に作成した。
一、資料の調査、整理、情報の提供、研究に対する助言などに関して、多くの機関・個人のご高配、ご教示を賜った。そのお名前を掲げ、謝辞に代えさせていただきたい（五〇音順）。
秋田県教育委員会・秋田市教育委員会・秋田城調査事務所・明日香村教育委員会・石岡市教育委員会・岩手県浄法寺

町歴史民俗資料館・（財）京都市埋蔵文化財研究所・神戸市教育委員会・国立歴史民俗博物館・多賀城市教育委員会・多賀城市埋蔵文化財調査センター・但馬国府・国分寺館・東北歴史博物館・栃木県立なす風土記の丘資料館・栃木県教育委員会・（財）とちぎ生涯学習文化財団埋蔵文化財センター・那珂川町教育委員会・奈良県立図書情報館・奈良市教育委員会・奈良市埋蔵文化財センター・奈良文化財研究所・姫路市埋蔵文化財センター・水沢市教育委員会・水沢市埋蔵文化財調査センター・宮城県教育委員会・宮城県多賀城跡調査研究所・向日市教育委員会・（財）向日市埋蔵文化財センター・大和郡山市教育委員会の各機関

浅野啓介・綾村宏・相原嘉之・安藤敏孝・市大樹・伊藤武士・井上和人・岩永省三・牛島茂・小川泰子・勝田徹・加藤真二・鐘江宏之・金田明大・鎌田元一・川越俊一・北村有貴江・高妻洋成・肥塚隆保・清永洋平・國下多美樹・桑田訓也・小池綾子・小池伸彦・小杉山大輔・小松正夫・佐伯俊源・佐藤直子・佐藤信・佐藤慶輝・篠原豊一・清水みき・下島道代・眞保昌弘・杉山洋・鈴木孝行・鈴木拓也・鈴木正治・高島英之・高野芳宏・高橋栄一・高橋学・田熊清彦・竹内亮・武田和哉・武田健市・巽淳一郎・立石堅志・舘野和己・玉田芳英・樽井宏幸・千葉孝弥・塚本師也・佃幹雄・寺崎保広・中岡泰子・中川猛・永嶋正春・長宗繁一・中村一郎・西口壽生・西山和宏・西山良平・橋本義則・馬場基・原田香織・日野久・平川南・広瀬真理子・前岡孝彰・丸山潔・三上喜孝・南島真理子・三好美穂・八木典子・山口耕一・山下信一郎・山部俊夫・山中章・山本祥隆・山本崇・吉川聡・吉川真司・吉川敏子・吉野武・四柳嘉章・渡辺晃宏・渡辺博の各氏

一、本書の刊行にあたり、独立行政法人日本学術振興会平成二六年度科学研究費補助金（研究成果公開促進費「学術図書」）の交付を受けた。

序章　課題と方法

一　本書の課題

一九七〇年に漆紙文書の出土が初めて報告されてから四十数年が経過した。この間、漆紙文書が出土した遺跡は一〇〇遺跡を越え、点数は、文字のないものや、微細な断片も含め、一〇〇〇点以上に及ぶ。

漆紙文書は、漆工房に払い下げられ、漆容器蓋紙として再利用された反古文書であるから、文書の最終保管主体と、蓋紙として使用・廃棄した主体とは異なっている。漆紙文書は出土文字資料であり、出土遺跡の分析は不可欠なのであるが、文書としての性格を考えるためには、最終保管主体と漆工房がいかなる関係にあるのかを検討する必要がある。すなわち、漆の生産・流通・消費の過程や、漆工房の性格、漆塗作業の中で蓋紙が使用される局面などを総合的に復元し、その中で反古文書の供給経路を明らかにしなければならない。その際には、漆紙文書と伴出する木簡など他の文字資料の分析も重要な要素となる。

このような問題意識から、本書は漆紙文書と漆工房について総合的に検討することを目的としている。こうした検討を行うことは、次の二つの意味を持っている。第一に、文書の内容上の分析を加味することにより、文書の作成・伝達・保管・廃棄というライフサイクルが復元でき、漆紙文書の史料学的性格が明らかになる。このことは、ひいては文書の機能論的研究にも寄与するであろう。第二に、漆工房についてみれば、漆容器蓋紙という道具、および内容物の漆という原材料の供給経路が復元でき、漆器生産の手工業史的分析の一助となる。蓋紙に利用された紙は公文書の反古紙であることが多いので、手工業と権力との関係を研究することにも寄与するであろう。

以上のような課題に対する先駆的業績としては、平川南の研究をまず挙げなければならない。平川は、東北の城柵官衙遺跡出土資料を中心に研究を切り開いた。主著『漆紙文書の研究』(1)は、その到達点を示している。しかし、その後も出土資料の蓄積は進み、とりわけ、平川の研究ではあまり検討の対象とならなかった都城遺跡出土資料をどのように位置づけるかは大きな課題であった。本書では、全国の漆紙文書を全て集成する作業を踏まえた上で、都城の遺跡、地方の遺跡を合わせて漆紙文書の史料学的位置づけを検討することとした。

二　本書の構成

前節で述べた課題に対し、本書には次のような論考を収録した。

第Ⅰ部　漆紙文書と漆工房

第一章「漆紙文書の来歴」は、漆紙文書と漆工についての基礎的な検討を行ったものである。研究の視角を提示するものであるとともに、本書の結論とも言うべきものとなっている。ここで得られた視角は、第Ⅱ部の具体的事例の検討に生かしている。また、第二章「古代の漆工」は手工業と権力との関係や国家掌握の外側にある漆工のあり方について検討したものである。筆者の前著(2)が手工業についての総論にあたるとすれば、この章、および本書全体は各論にあたる。

付章「漆紙文書調査の手引き」は、漆紙文書を調査する際に留意すべきことがらをまとめたものであり、所謂「論文」にはあたらないかも知れない。これまでの漆紙文書調査の中で、調査に関する手法を普及、継承することが、課題であると認識してきた。以前にも実際の調査の場や、研修会などの場でこれを行うことに努めてきたが、本書にてこれを公にすることとした。もとより、書物の上で調査手法が伝達できるとは考えてはいないが、問題点の整理や、見落としの防止には寄与できるのではないかと思う。

第II部　漆紙文書にみる律令国家

第II部には、漆紙文書を活用して、律令国家の文書行政を明らかにした研究を収めた。漆紙文書は、公文書の反古であることが多く、律令国家の支配のあり方を検討するための重要資料となりうる。第一章「漆紙文書にみる民衆支配——死亡人の把握をめぐって」、第二章「漆紙文書にみる土地支配——災害による租税免除をめぐって」において、それぞれ人・土地の支配という論点について考察している。執筆時点で意図していたわけではないが、いずれも律令国家が人や土地から収取を行うことができなくなった局面を問題にしている。何らかの不都合が発生した時点での対応に、国家支配の性格が端的に現れるのではないかと思われるが、行政事務の末端をうかがうことのできる漆紙文書は、こうした問題を検討する際の有益な資料になるということが示せたと考える。

なお、第一章の後に、付章「漆紙文書の中の戸籍・計帳類」を配し、類例を通覧して類型を抽出した。

第III部　漆紙文書集成

第III部には「漆紙・漆紙文書出土遺跡一覧」と「漆紙文書釈文集成」を収めた。従来は、漆紙文書の出土事例を通覧できるものが不充分であったことが問題であった。これまでにも何度か集成作業を行ってきたが、本書に大幅に増補したものを収録した。学界で活用されることを期待するとともに、誤脱についてご指摘を頂戴したい。ご教示をもとに、今後とも情報の集積を続けていきたいと考えている。

本書が、出土文字資料一般、ひいては史料学全体に対し、いささかなりとも寄与できれば幸いである。

註

（1）平川南『漆紙文書の研究』（吉川弘文館、一九八九年）

（2）古尾谷知浩『文献史料・物質資料と古代史研究』（塙書房、二〇一〇年）

第Ⅰ部　漆紙文書と漆工房

第一章　漆紙文書の来歴

はじめに

漆紙文書は、周知のごとく漆容器の蓋紙として漆液面に密着してかぶせられた反古紙である。これが廃棄された後も付着した漆に保護されたために、土中でも腐ることなく遺存したのである。はじめに、漆紙文書の調査研究の歩みを略述することにする。

漆紙文書が初めて確認、報告された遺跡は、平城京跡であった。一九七〇年七月に行われた奈良国立文化財研究所平城宮第六八次調査において、左京二条二坊六坪の東側に当たる東二坊坊間路西側溝から二点の資料が出土し、同年九月および翌一九七一年に漆片に文字があるものとして報告されたのである。これを出発点として漆紙文書研究の歴史が始まるが、現在に至るまでの歩みは大きく三期に分けることができる。

第一期は一九七〇年の発見から一九七八年までである。平城京跡での発見とほぼ同じ時期、宮城県多賀城跡の第九次調査において、政庁地区から大量の漆紙文書が出土した。一九七〇年八月のことである。この資料群は、後に漆紙文書の史料学的性格を明らかにするのに大いに寄与することになるのであるが、当時はまだ紙として認識されず、皮製品として保管されることになった。次いで一九七三年、多賀城跡第二一次調査で計帳様文書が出土し、これが翌年報告された。これが多賀城で最初に報告された漆紙文書である。

この頃から同種の紙が出土することについての認識が深まり、平城京跡では一九七五年の第九三次調査、多賀城跡では一九七四年の第二三次調査、一九七六年の第二八次調査、一九七七年の第三〇次・第三一次調査などで出土が確認された。しかし、この時点ではまだ漆紙文書の史料学的位置づけが不明確で、確認できた資料をその都度報告するということが行われている段階であった。今からみれば、手探りで調査を進めながら着実に事例を蓄積している時期であったと位置づけられる。また、奈良国立文化財研究所と宮城県多賀城跡調査研究所との間で情報の交換が行われるなど、都城遺跡の調査機関と東北地方における城柵遺跡の調査機関との間で一定の連携の下に調査が進められていたということも注意されてよい。

その後、研究の進展に伴い、それまで皮製品と思われていた多賀城跡第九次調査出土資料が漆紙文書として認識されるようになった。この調査成果は一九七八年に公表され、翌一九七九年には報告書が刊行されるに至った。この段階で、漆容器の蓋紙としての性格が明確になるとともに、技術的にも赤外線ビデオカメラの利用が確立したことにより、調査研究は新しい段階に入った。これ以後を研究の第二期とすることができる。多賀城跡で豊富な資料が得られたこともあり、第二期における研究の中心は、質、量ともに東北の城柵遺跡であった。

一方、この時期、都城遺跡出土資料の調査についても、一定の成果が蓄積された。平城宮・京跡についてみると、一九八〇年代には、一九六〇年代に出土しながら文書とは認識されていなかった資料について、再調査、報告がなされた。また、一九八四年に右京八条一坊十四坪から大量の資料が出土し、これが一九九〇年になって報告されるに至った。一方、長岡京跡でも一九八〇年に初めて漆紙文書が出土し、それ以降着実に出土事例が増加している。しかしながら、漆紙文書自体についての報告書が刊行された多賀城跡、秋田城跡、鹿の子C遺跡、下野国府跡などに比べ、都城出土の漆紙文書はあまり注目されてこなかったのが実状であった。

ところが、一九九五年に至り、平城宮第二五九次調査で租帳に類似した文書が出土したことを契機として、奈良国立文化財研究所では過去に出土した資料を再調査する作業が開始された。同じ頃、長岡宮・京跡でも一九九四年、九五年に計三ヵ所から漆紙文書が出土した。これらの調査の蓄積の中から、都城遺跡という枠組みの中で資料の位置づけを考えなければならないということが認識されるようになったのである。この点において研究は新しい段階に入ったと評価でき、一九九〇年代半ば以降を第三期とすることができよう。

以上のような研究史を踏まえた上で、次のような課題を提起したい。それは、漆塗作業および漆の生産・流通・消費のあり方を検討し、その中で蓋紙として供給される反古紙がどのような経路で調達されたかを明らかにするということである。そのためには、漆紙文書と伴出する木簡など他の文字資料との関係を考えることが必要となる。一般に木簡は文書として最終的に使用、保管した主体が廃棄したのに対し、漆紙文書の場合は文書として廃棄された後、漆塗作業を行う主体に供給され、そこから廃棄されたのである。従って、史料学的に取り扱う方法上、木簡と漆紙文書との間には、厳然とした区別が必要であるが、その区別を行った上で、漆塗作業や反古紙の供給を明らかにする手がかりを木簡などから探っていく方法を採りたい。

以上のような問題関心から、第一節では従来研究の少なかった都城遺跡出土の漆紙文書について検討を行い、第二節では地方官衙遺跡出土資料の検討を行う。

一　漆の流通と漆紙文書——平城宮・京跡出土資料を中心に

(1) 漆の流通と漆容器・蓋紙

漆紙文書は漆容器の蓋紙に使用された反古紙である。しかし、すべての漆容器に蓋紙が付されるわけではない。漆紙文書の史料学的位置づけを考えるためには、漆の生産から消費に至る過程の、どの段階で紙が蓋として用いられるのかを検討する必要がある。この問題を考えるための前提となる先行研究として、都城における漆の貢納、使用の問題を文献史料から明らかにした平川南の業績がある。[1] また、漆工房に関係する遺物としての土器を扱ったものとして、玉田芳英の研究がある。[2] さらに、筆者も都城出土の漆紙文書を、漆の流通の中に位置づけるための検討を行ったことがあり、[3] 本節の直接の前提となっている。しかし、その後明らかになった新しい知見も踏まえ、あらためて考察を加えることとする。

（2）漆作業の諸段階と漆容器

まず、漆の採取段階であるが、漆の木に傷を付け、しみ出る樹液を掻き取っていく。現在、採取直後は曲物桶に入れるが、古代においていかなる容器を用いたかは明らかではない。採取直後の漆を生漆と呼ぶが、次いでこれを精製する必要がある。精製作業は、盤などの大きな平たい容器を用い、紫外線もしくは熱をあてながら攪拌する。この作業をクロメと呼び、精製を経た漆をクロメ漆と呼ぶ。精製作業は漆の生産地で行う場合もあろうし、消費地で行う場合もあろう。奈良時代において、消費地で精製作業を行った根拠として、平城京跡右京八条一坊十四坪の調査でクロメに用いたと思われる盤の破片が出土していることが挙げられる。これには内面から口縁部にかけて漆の膜が何層にも重なって付着しており、同じ盤を何回も繰り返して使ったことがうかがえる。

生産地から消費地まで運搬するには、須恵器の平瓶、長頸壺のような壺に入れる場合と、直径二〇cm前後以上の大・中型の曲物に入れる場合がある。須恵器壺を運搬に使用した根拠として、内面に漆が付着した資料の中に、持ち運ぶために納めた籠の痕跡が付着しているものがあることや、平城宮・京跡から出土した、漆の付着した墨書須恵器壺の中に、例えば「余戸郷／道□部／鴨麻呂（底部外面）」「船木郷漆／□〔凡ヵ〕（底部外面）」「□〔升ヵ〕一合／□石勝（体部外面）」（以上、平城京跡右京八条一坊十一坪、西一坊坊間大路西側溝出土）、「□〔桃ヵ〕井／一升一合（底部外面、行の向きはほぼ直交）」（以上、平城宮跡東方官衙出土）といった郷名、人名、量の墨書銘を有する資料があることが挙げられる

（玉田論文を参照）[4]。底部に墨書しているものは、漆を入れる前、つまり貢納元で記入したことは明らかである。通常の置き方では見えないこと、全ての容器に記載されているわけではないことなどから、都での検収目的のためには適さないが、平城宮・京跡出土資料の場合、その容器で地方から漆が京進されてきていることは確実である。

一方、曲物、或いは円形の木製容器で漆を運搬した根拠としては、『延喜式』大蔵省に、「凡諸国所㆑進年料漆、先令㆔内匠寮定㆓其品㆒、即蓋上記㆓定㆑品之人名㆒、然後納㆑庫。」とあることが挙げられる。後述のごとく、漆運搬用の須恵器壺には木、布、藁などで栓をするので、文字を墨書できるような蓋は用いない。この大蔵省式の規定は、身と蓋からなる曲物を用いたと考えるのにふさわしい規定である。

また、時代は降るが室町時代の東寺領新見荘の事例が挙げられる。大永四年（一五二四）最勝光院方評定引付の二月四日の項や、大永八年（享禄元、一五二八）最勝光院方評定引付の六月一七日の項には次のようにある。

大永四年最勝光院方評定引付　二月四日

一、新見荘去年［大永三癸未］分公用之内、漆桶［指中］拾、同小桶一、都合十一桶、此内指中一桶ト小桶一ハ去年分ノ公事漆ニ支配、残指中九桶者、去年年貢分ニ可㆑有㆓支配㆒之由、衆儀了、仍召㆓塗師㆒、如㆑例シホラセ了。（後略）

大永八年最勝光院方評定引付　六月一七日

一、新見荘ヨリ漆桶［サシナカ］二到来之間、令㆓披露㆒之処、（中略）今日召㆓塗師㆒令㆓支配㆒畢。（後略）

（いずれも「東寺百合文書」る。細字部は［　］内に示す。）

これらをみると、新見荘から東寺に桶で漆が納入されていることがわかる。これは曲物ではなく、結物の桶である可能性もあるが、蓋紙についても同様と考えてよい。

さて、漆は消費地まで運ばれた後、実際に使用される時まで保管されるが、運搬容器のまま保管する場合と、大きな甕のような容器にまとめて保管する場合がある。実際の消費時点では小型の曲物や壺に取り分ける場合があり、さらに杯や皿などの土器に小分けにされることもある。曲物を漆使用時点で用いた根拠としては、口縁部に刷毛置きの痕跡と考えられる凹形の加工がしてある資料がある。塗る直前には杯などをパレットとして用いるが、同時に使用する道具として刷毛、箆、タンポ、漆濾し布・紙などがある。

漆の生産から消費に至るまでは以上のような諸段階があり、それぞれの段階で目的に合わせて容器が用いられるが、蓋紙が用いられるのは曲物、杯のみである。出土した蓋紙が付されていたのが曲物であるか杯であるかは、縁辺部の形状で区別できる場合がある。一方、クロメ用の盤は繰り返し使われており、これで漆を保管したとは考えがたいので、蓋紙を付すことはなかったであろう。運搬用の壺には、木、木に布を巻いたもの、布、藁などで栓をするので、蓋紙は用いない。中の漆を使うときには栓は固着して取れないことが多いので、頸部を割って取り出すことになる。これは破断面に漆が付着していることから推測できる。なお、反古紙は蓋紙以外にタンポに用いられている例もある。

蓋紙の復元直径は、大型（直径三〇～三五㎝）、中型（二〇～二五㎝）、小型（一五㎝前後）のグループがあり、これは容器の直径に規制される。大まかにいえば、大・中型のものは運搬・保管用、小型のものは小分け用と推定できる。

以上のように、漆紙文書の大きさや形態から、その資料が漆塗作業のどの段階で、どのような容器に付されていたのかを推定する必要がある。

次に、容器に付された蓋紙としての反古紙が、どこから供給されたのかという問題に触れておくことにする。この問題について、出土遺跡の種別ごとに考えてみよう。

（3）漆作業用の反古紙の供給

国府レベルの遺跡では、文書を管理する機関も漆を大量に消費する機関も限られる。従って、文書廃棄主体と漆使用主体は一致することが多い。また、その主体が、文書が捨てられた場所にある施設と密接に関係することも推定可能である。つまりいずれも主体は国に関係する機関であると推定できる。その他の場合として、郡から進上された漆容器とともにもたらされた、郡廃棄の文書が含まれることもあろう。これは文書の内容により区別する他はない。地方における工房の場合は、国府から廃棄された文書もあるだろうし、この場合でも郡レベルから進上された漆容器に付着した、郡廃棄の文書が含まれることもあり得る。[5]

これに対し、都城の場合は状況が複雑である。[6]まず、地方からの運搬容器が須恵器壺であった場合、反古紙が使われるのは、都城で小分けされた曲物、杯のみである。つまり、小型のものに限られる。蓋紙は都城で付されるため、在京諸司、諸家、諸寺から廃棄されたものである可能性が高い。文書として廃棄された後の反古紙供給経路を考えてみると、直接漆工房に関わる官司から廃棄された場合、官司払い下げの反古紙が、官制のルートを経て流れてきた場合、市などに一度流れた後、購入により調達された場合などが考えられる。

次いで、地方からの運搬容器が曲物であった場合は、別の可能性も考えなければならない。地方から京進された時点では、地方で付された蓋紙がかぶせられていることになる。その蓋紙は地方官衙（生産地に近い郡か、進上主体である国かは問題が残る）から供給された可能性が高いが、反古紙が払い下げられた場合もあるだろうし、未使用の白紙が使われた可能性もあろう。いずれにせよ、地方の紙が蓋紙として付され、中身の漆および容器とともに都城にもたらされたとみなければならない。その後、漆を使用するに従い、蓋紙を取り替えることもあろう。その場合は都城で廃棄された文書が付されることになる。いずれの場合でも、運搬容器から小分けされた杯には都城で廃棄された文書が付されることになる。

（4）反古紙供給経路の諸相

次いで、平城宮・京跡の事例について、それぞれ反古紙供給のあり方を復元することを試みる。出土地点の番号と漆紙文書の番号（太字）は本書第III部「漆紙文書集成」における「奈良県・平城宮・京跡出土漆紙文書（奈良〈国立〉文化財研究所調査）」による。併せて参照されたい。

（一）左京三条一坊十六坪

土坑ＳＫ三九九五から計帳様文書（一）が出土している。この地は宮外官衙もしくは離宮的な機能をもつ施設があったと推定されている。従って、付近に大規模な漆工房が継続して操業していたことは想定しがたい。漆蓋紙は小規模な漆塗作業、例えば調度品の製作、修理などに際して用いられ、ここで廃棄されたのであろう。漆塗作業用に大量に反古紙が調達されたとは考えられないので、蓋紙に用いられた反古紙は、作業時に手近にあったものか、工人が外から持ち込んだものか、いずれかであろう。

なお、同じ坪にある井戸から「内匠寮」と記した木簡が出土している。天皇の家産機構における手工業部門と何らかの関係があった地であることが推定できる。もちろん、工房ではなく、離宮的施設における小規模作業に関わるものであろう。内匠寮は神亀五年（七二八）に設置された官司であり、和銅元年（七〇八）以降、養老七年（七二三）以前のものと推定される計帳様文書の年代とは重ならない。しかし、文書作成時点とこれが不要になって蓋紙として再利用されるまでの時間差を考慮すると、この坪内で内匠寮に関係する漆塗作業が行われていて、当該漆紙文書がその際に用いられた蓋紙であった可能性は否定できない。

（二）平城宮跡東南隅

ＳＤ四一〇〇Ａから二点（二・三）の漆紙文書が出土している。伴出木簡は式部省の考選関係文書が中心であるから、この場合も付近に漆工房の存在は想定できず、一時的な漆塗作業に伴うものであろう。

（三）左京二条二坊六坪

東二坊坊間路西側溝ＳＤ五七八〇から二点（四・五）の漆紙文書が出土している。

出土地周辺の状況を考えると、奈良時代前半には左京二条二坊五坪の地に藤原麻呂の邸宅があったことが、二条大路木簡の内容からうかがえ、奈良時代後半には、左京二条二坊の地に梨原宮が営まれていたことが推定されている（奈良国立文化財研究所『平城京左京二条二坊・三条二坊発掘調査報告』一九九五年）。そのような地域に、継続的に大規模な漆工房が営まれていたとは考えがたく、やはり邸宅内における調度品の製作、修理など、小規模な漆塗作業が行われていたと解される。反古紙の調達について考えると、まとまって大量に供給されていたというあり方ではなく、漆塗作業をしていた場で手近にあった反古紙を利用したか、工人が外から持ち込んだ反古紙を利用したかであろう。

文書の内容をみると、二点のうち一点（四）は、郡里制もしくは郡郷里制下の田地に関する文書、もう一点の一次利用面（五ｂ）は養老令制下の左京または右京の計帳、二次利用面（五ａ）は、宝亀二年（七七一）の年紀をもつ文書である（口絵2参照）。作成時期に違いがあるが、田地関係の文書は保存期間が長かったのに対し、計帳は短期間で不要になったことによるものと考えられ、同時期に漆容器蓋紙として再利用されたと考えてよい。

京内から出土しているので、京の計帳だけから判断すると、中央に提出されたものか、京職が控えとして保管し、ここから廃棄されたものかという点については判断しがたい。しかし、二点の文書が同じ経路で払い下げられた反古紙であるとすると、京職に田地関係の文書があったとみるのは不自然である。この場には、中央政府に提出された人民や田地の支配に関わる公文の反古紙が集まっていたということになる。かかる公文を管理していたのは民部省であるから、これらの反古文書の供給元は民部省であろう。

なお、同じ東二坊坊間路西側溝の下流、左京二条二坊五坪の東にあたるＳＤ五〇二一からは、「・大倭国志癸上郡大神里・和銅八年／計帳」と木口に墨書した計帳の軸が出土している（『平城宮発掘調査出土木簡概報』二三、以下『城』二三などと略称）。ＳＤ五〇二一からは、他に天平一九年（七四七）の泉坊からの覆盆子進上文書木簡、天平一九年の長門国調綿付札木簡、美作国庸米付札木簡、備前国調付札木簡、左大臣官交易に関する木簡、資人、宿直、兵衛に関する木簡、内容不明の（天平）二一年の年紀をもつ木簡などのほか、大都保（壺）一口、漆一升三合などを購入するための銭一貫の出納に関する文書木簡が出土している（『城』二三）。

さて、和銅八年（霊亀元、七一五）大倭国計帳が巻子装の状態で溝に廃棄されたことは想定しがたい。計帳が不要になった後、料紙を再利用しつくして残った軸だけを捨てたと考えられる。計帳自体の年紀は和銅八年であるが、伴出木簡の年紀から考えて、軸が廃棄されたのは天平末年であろう。計帳の紙の再利用の仕方は、もちろん漆容器蓋紙とは限らない。当然紙背の利用なども考えられる。しかし、伴出木簡から、当時付近で漆が利用されていたことが推定できるので、漆容器蓋紙として用いられることもあったという推定も、あながち憶測とはいえない。

ＳＤ五七八〇出土漆紙文書は、ＳＤ五〇二一出土計帳軸と廃棄された年代が離れており、直接関係づけるわけにはいかない。しかし、奈良時代半ばにおいても後半においても、付近に民部省関係の反古紙が供給されていた場があったということを示している。

（四）左京八条三坊十坪

この地は東市に近接する地域にあたるが、漆紙文書（六・七）は九・十坪坪境小路南側溝ＳＤ一一五五から出土している。同じ溝からは漆製品のほか、漆容器、漆塗作業に用いる道具類が出土しており、付近に漆工房があったと推定できる。

また、ここから漆運搬・保管用の曲物に付されていたとみられる漆容器蓋紙も伴出しており、このことからも漆が大量に用いられていたことがうかがえる。

出土した漆紙文書の内容は不明であるため、反古紙の供給経路については不明とせざるを得ないが、東市に近い漆工房という条件を考えると、後述の右京八条一坊十四坪の場合と同様に、市で購入した反古紙であった可能性もある。なお、確言はできないが、漆運搬・保管用の曲物に付された文字のない蓋紙は、地方から漆とともに平城京にもたらされた可能性もある。

（五）左京二条二坊十三坪

遺物包含層から杯に付着した状態で一点（八）、追加資料として一点（五七）出土しているが、内容が不明確な上、遺構に伴わないため、漆塗作業のあり方や、反古紙供給経路について推定することは困難である。しかし、この場所も法華寺のすぐ南側で、離宮などの施設が付近に想定される地であるから、そうした離宮や貴族邸宅などでの一時的な漆塗作業に際して用いられたものかも知れない。小分け用あるいはパレット用の土器に付着していたことも、少量だけ漆を用いた状況にふさわしい。

（六）左京八条一坊六坪

漆紙文書（九）は、掘立柱建物ＳＢ三一九〇の柱抜取穴から、曲物に入ったまま固化した漆塊に付着した状態で出土した（曲物の木質部分は失われている、口絵3参照）。この地は、他に漆塗作業関係遺物が目立つわけではなく、漆工房の遺跡とは考えがたい。柱抜取穴から出土したことからすれば、これは建物解体時点に関係する遺物である。しかし、解体作業に漆が必要であったとは思われないので、その点不審である。また、漆塗作業はほこりを嫌うので、建物解体工事のすぐ近くで漆塗作業を行っていたことも考えがたい。また、当該漆容器は、漆を使いきらないうちに固化してしまったために使えなくなり、捨てられたとみられるが、このことも建物解体と同時に漆塗作業を行っていたのではないことを示している。

しかし、このように使えなくなった漆の容器を、わざわざ遠くから運んできたことも想像できないので、同時ではなくとも、一連の解体、新築工事の過程で使用されるはずだった漆の容器であったことは推定できる。建築工事に用いるのであれば、漆は大量に必要とされたはずであり、保管容器としての曲物が出土することは自然なこととして理解できる。

次いで、この文書の供給経路を考えることにする。この曲物容器は直径一八・〇㎝を測るが、漆が残存していることからみて、蓋紙の付け替え回数は少なかったと想像される。内容をみると、オモテ面には二段にわたり歴名が書かれ、年齢と年齢区分を細字双行に記している。その下には数字の書き込みがなされている。書体や書き込みの存在から考えて、清書された正式の京進文書とは考えられず、行政事務の末端で使用された文書とみられる。漆付着面も歴名であるが、性格は不明である。書体から考えてこちらが一次利用の面であろう。曲物に付着していて蓋紙の付け替えがなかったことから考えると、地方で廃棄された文書が漆容器の曲物に付され、そのまま内容物とともに平城京にもたらされた可能性がある。

なお、追加資料として、遺物包含層から籍帳類の可能性のあるもの（**五八**）が見出された。

（七）右京八条一坊十四坪

この遺跡は、西市と深く関係する工房の遺跡であり、長期間継続して漆塗作業が行われていた場所である。坪内の土坑ＳＫ二〇〇一からは大量の漆紙文書が出土しており、あわせて、ここでも漆運搬・保管用の大型曲物に付された蓋紙が出土している。

文書の内容は多岐にわたる。まず、籍帳類とみられる歴名（**一〇～一四・一六～二八**）、正税帳類とみられる稲穀関係の文書（**二九・三一**）といった、律令国家の行政に関わる公文がある。歴名も稲穀関係の文書も、互いに接続しない複数の断片に分かれている。本来はそれぞれ単一の文書であったものが分離した可能性もあるが、公文の書かれている面がオモテ面の場合と漆付着面の場合があり、両者は同一の蓋紙ではあり得ない。従って、それぞれ一つの、あるいは複数の巻子装の文書から、複数回、継続して蓋紙として再利用するために切り取っていった状況が推定できる。この反古紙利用のあり方は、継続して操業していた漆工房にふさわしい。

同じ土坑からは他に試字として書かれたとみられる『中阿含経』の一部（**三八**）、『論語』何晏集解の一部（**三九〜四二**、口絵4参照）、その他の習書類（**四三〜四七**）も含まれている。『中阿含経』が試字だとすると、一紙で完結していたはずであり、これが単独で漆工房に供給されたとは考えにくいため、何紙か貼り継がれた状態で払い下げられた可能性を考えなければならない。また、『論語』何晏集解は、紙背が利用されており、その後で漆工房に供給されたことになるが、その経緯は不明である。

このように、漆工房に払い下げられるまでの過程には問題が残るものの、公文類も含め、同じ土坑から出土したことに注意すべきである。匿名、稲穀関係文書、試字とみられる仏典、論語などは、その多様性から考えると単一の官司から廃棄されたものではなく、複数の機関が供給源だったとみられる。これらがほぼ同時に同じ場所で漆容器蓋紙として用いられて、同じ土坑に廃棄されているのである。

この漆工房では、継続的に作業が行われていたから、継続的に大量の反古紙が必要とされていたはずである。複数の機関からさみだれ式に調達したと考えるのは不合理である。この遺跡の立地を考えると、すぐ近くにあり、多様な反古文書が集まっていた西市から、反古紙を購入していたと考えるのが最も自然である。また、文字のない大型の蓋紙は、漆容器とともに地方からもたらされた可能性もある。

（八）左京二条二坊五坪

五坪の南に位置する濠状遺構SD五三〇〇およびSD五三一〇から各一点（**五二・五三**）の漆紙文書が出土している。先述したように、この濠状遺構から出土した木簡は、左京二条二坊五坪にあったと推定される藤原麻呂の邸宅、もしくは左京三条二坊一・二・七・八坪（旧長屋王邸）にあったと推定される光明皇后の宮に関係するとみられるので、付近に継続的に操業した大規模な漆工房の存在を考えることはできない。宮や邸宅内における漆塗作業に伴うものであろう。

（九）西隆寺跡

都城の寺院から漆紙文書が出土した例として初めてのものであるが、これは特殊な例とは考えられない。寺院は漆を大量に消費する機関である。例えば、法華寺の金堂造営に際しては、柱をはじめとする建築部材や調度品に至るまで、多くの漆塗作業が行われ、大量の漆が使用されたことがわかる（天平宝字四年〈七六〇〉「造金堂所解」、『大日本古文書』一六―二六六～二七四）。また、仏像製作にも漆は必需であり、乾漆像製作に至っては膨大な量の漆が必要であったであろうことは容易に想像できる。造営時点に比べれば少量であろうが、建物、仏像、調度品の修復・更新に際しても、常に漆の需要があり、継続的に漆が消費されていたと考えられる。このような場では当然漆容器蓋紙が必要であり、反古紙が大量に調達されたはずである。

西隆寺跡では、食堂院から一点の漆紙文書（**五四**）が出土している。これは、復元すると直径三〇㎝を超える大きさである。輸送もしくは保管用の大型曲物に付されていたと推定でき、大量に漆が用いられていたことがうかがえる。その内容は、「鉄工」や「（優）婆夷」に対する食料支給に関係するとみられる文書であり、西隆寺造営に関する文書の反古紙が供給されていたことがわかる。この文書は、宝亀九年（七七八）とみられる年紀をもっており、西隆寺創建時点よりも新しい時期ということになる。食堂院は、奈良時代末から平安時代初頭において礎石建物への建替えを中心とする改修工事がなされているので、それに伴って作成された文書である可能性もある。この文書が廃棄されて漆塗作業のために用いられたのは、宝亀九年以降である。本例は、堂舎や調度品の維持・修理・更新を行う機関が、漆塗作業を行うにあたり、自らが保管していた文書を反古として、蓋紙に用いたということになる。

（一〇）平城宮跡東院地区

井戸ＳＥ一六〇三〇から一点（五五）の漆紙文書が出土しているが、この付近にも漆工房の存在は推定できない。一時的な漆塗作業に伴うものであろう。

（一一）平城宮跡造酒司推定地南

宮内道路南側溝ＳＤ一一六〇〇から一点（五六）出土している。伴出木簡は皇太子時代の山部親王（後の桓武天皇）の春宮坊、および桓武天皇の皇后、藤原乙牟漏の皇后宮職に関係するものであり、漆工房が付近にあったとは考えられない。出土した漆紙文書が、その形状から小分け用またはパレット用の杯に付されていたとみられ、しかも単独で出土していることから考えると、これは一時的な漆塗作業に際して用いられたものと推定できる。

文書の内容は輸租帳に類似した公文であるが、これは春宮坊や皇后宮職から払い下げられたものではなかろう。漆工人が外部から持ち込んだ反古紙であると考えられる。

（5）漆紙文書の史料学的位置づけ

以上、平城宮・京跡から出土した漆紙文書の各事例について、それが用いられた漆塗作業のあり方や反古紙の供給経路を推定した。漆塗作業の場は、大きく四つの類型に分けることが可能である。第一は、継続的に操業していた漆工房の場合、第二は、建設現場に関係する場合、第三は、天皇、皇族の宮もしくは貴族の邸宅における比較的小規模な漆塗作業の場合、第四は、寺院における漆塗作業の場合である。

第一の類型として、（四）（七）があるが、典型的な例は（七）である。運搬・保管用の容器に付されていた大型の蓋紙も、小分け用またはパレット用の杯に付されていたとみられる小型の蓋紙も出土している。反古文書の内容は多様であり、遺跡の立地も考え合わせると、種々の反古文書が集まっていた市から調達されたことがうかがえる。また、大型の蓋紙は、地方において漆容器に付され、そのまま内容物の漆とともに平城京にもたらされた可能性が高い。

第二の類型としては、(六)がある。事例が一つしかないので、総体的には論じられないが、建設現場では大量の漆が必要とされたはずで、漆の運搬、保管用の曲物が出土していることは、この条件にふさわしい。付されていた反古紙は、地方の反古文書が漆容器とともに平城京にもたらされた可能性がある。

第三の類型としては、(二)(三)(八)(一一)が挙げられる。出土した漆紙文書は小片がほとんどであり、特に(一一)の場合は小分け用またはパレット用の杯に付されていたことがわかる。一時的作業を行った場合にふさわしい様相を示している。蓋紙には、作業時に手近にあった反古紙か、工人が持ち込んだ反古紙が用いられた可能性がある。(三)の場合は前者、(一一)の場合は後者に当てはまると考えられる。

第四の類型としては(九)の西隆寺跡がある。寺院においては堂舎の造営、調度品や仏像・仏具の製作・修理に際して、大量の漆を用いており、漆容器蓋紙も大量に必要とした。西隆寺の例では、漆塗作業を行った機関が自ら保管していた文書を反古として用いている。

以上のように、漆紙文書の史料学的位置づけを考えるためには、漆塗作業のあり方と、漆紙文書の大きさ、形状、内容を総合的に検討していく必要がある。

二　地方出土漆紙文書の来歴

(1)　地方における反古紙の調達

本節では、都城以外の遺跡で出土した漆紙文書について、漆工房に供給された経路を復元的に考察する。地方では、反古文書の供給元が都城より限定されるという傾向が想定される。この問題に関する地方官衙遺跡についての研究としては、平川南の先駆的業績があるので、まず平川が取り上げた事例を踏まえた上で、その後の知見を合わせて、他の事例についても検討してみたい。

（2）多賀城跡政庁西南部土坑ＳＫ一一〇四出土漆紙文書

多賀城政庁西南部にある土坑ＳＫ一一〇四から出土した資料は、平川南により取り上げられ[7]、漆紙文書と遺構との関係を考えるための格好の材料となっている。年代は宝亀一一年（七八〇）から延暦二年（七八三）に限られ、短期間に作成、廃棄されたものである。内容から考えると、陸奥国から廃棄された反古文書がほぼ一括して蓋紙として調達され、宝亀一一年の政庁焼失後の復興事業に伴い用いられ、その場で廃棄されたものとみられる。つまり、文書の最終保管主体と、漆塗作業主体はいずれも陸奥国に関係し、しかも廃棄場所も陸奥国の施設である。なお、漆紙文書の大きさをみると大形のものがあり、漆運搬容器としての須恵器壺の出土がみられないことからしても、漆の運搬・保管には曲物を使用していたと考えられる。しかしこの場合についていえば、漆の生産地から曲物で運搬してきたとしても、蓋紙の供給元は内容からみて陸奥国ということになる。この例の場合、文書に関わる主体は比較的単純に国に限定して考えることができる。

（3）鹿の子Ｃ遺跡出土漆紙文書

鹿の子Ｃ遺跡から出土した漆紙文書についても、平川南はその供給経路を検討している[8]。鹿の子Ｃ遺跡は、八世紀末に設けられた常陸国府に近接する工房の遺跡であり、一般には常陸国で保管され、廃棄された反古文書が漆容器蓋紙として供給されていると考えられる。しかし、平川は、文書の内容から、関係する郡が常陸国北部の三郡に偏っていること、文書の紙背が一次利用した郡と同一の郡で用いられている可能性がある資料があること、当該の郡が漆の産地であった可能性が高いこと、などの点に注目し、これらの文書は郡から国に提出された後に払い下げられたのではなく、郡に集積された漆を工房に輸送する際、郡で廃棄された文書が蓋紙として付され、漆工房にもたらされたものと推定している。

この事例は、漆工房に対し、それを管轄する官司から払い下げられた反古文書以外に、漆生産地近くで廃棄された文書が漆容器および内容物の漆とともにもたらされる場合があることを示している。

（4）祢布ヶ森遺跡出土漆紙文書

祢布ヶ森遺跡は、兵庫県城崎郡日高町祢布、旧但馬国気多郡に所在し、円山川左岸の小扇状地先端部に位置する。これまで継続的に調査が行われ、整然と配置された掘立柱建物を中心とする、官衙の様相を呈する遺構が検出されている。この遺跡からは多くの題籤軸を中心とする木簡が出土している。その題籤軸には、但馬国内の複数の郡・郷のものが含まれ、また、広く人民・土地の支配に関わる内容を含むことから、これらの題籤軸および付されていた文書は、郡を超えた機関、即ち国から廃棄されたものと考えられる。また、題籤軸の年紀は、弘仁四年（八一三）から寛平九年（八九七）に及んでいる。

以上の通り、祢布ヶ森遺跡出土の題籤軸は九世紀における但馬国府に関係するものである。但馬国府については、『日本後紀』延暦二三年（八〇四）正月壬寅条に、「遷二但馬国治於気多郡高田郷一」とみえるので、祢布ヶ森遺跡の地が延暦二三年以降の但馬国府であると考えられている。

祢布ヶ森遺跡出土の題籤軸については、既に別稿で検討したが、[9]ここでは一九八六年度調査で出土した漆紙文書を中心に据えてその供給経路を考えてみたい。

漆紙文書の内容をみると、人名の下に年齢を右寄せで記し、その下に「給」と書いた後で異筆で数字を書き加えた記載が列記されている。異筆書き込みがあることから、何らかの物資の支給に際して、事務の末端で記録された文書であると推定できる。内容だけからすると、この文書の最終保管主体は不明である。

しかしながら、別稿で述べたように、付近で出土した題籤軸については、掘立柱建物の柱堀形から出土しており、造営工事現場に巻子装の反古文書が払い下げられ、何らかの作業において紙を再利用し、使いつくした後で、残った軸のみが廃棄されたと推定できる。出土した漆紙文書と題籤軸は、内容上対応していないし、題籤軸に巻かれていた紙の再利用法は漆容器蓋紙に限定できない。しかし、造営現場に対する反古紙の供給という点での共通性は認められるので、当該漆紙文書も題籤軸に巻かれていた文書と同じく、最終保管主体は但馬国であり、そこから払い下げられて、同じく但馬国府の造営現場にもたらされたと推定できる。

（5）胆沢城跡第五二次調査出土漆紙文書

胆沢城跡第五二次調査では、井戸ＳＥ一〇五〇から漆紙文書が出土した。報告書では漆紙文書が出土した事実のみを記し、釈文など詳細は未公表であるが[10]、同じ遺構から「和我連□□進白五斗」（一八五×二五×四、〇五一型式）と記した白米付札木簡や、「×勘書生吉弥候豊本」（（一三二）×一九×八、〇一九型式）と記した木簡とともに、題籤軸が出土していることが注目できる。この題籤軸は、文字を記した後、表面を削って抹消していることが注意される。一度文字を書いているということは、一度は文書が巻かれた状態で文書名などが書かれ、題籤軸として機能していた段階があることを示しており、これを削って消しているということは、巻かれていた文書が不要となった後、題籤軸としての機能を人為的に喪失させられていることを示している。文書が不要となった段階で、その文書が巻かれたまま題籤軸が投棄されたことは考えがたく、紙は反古紙として再利用されたのであろう。

題籤軸の記載は抹消されており、伴出した漆紙文書の内容は未公表であるため、両者の対応関係は現段階では不明である。しかし、両者が廃棄されていた遺構の周囲では、題籤軸に巻かれた状態の文書が反古紙として供給されており、かつ、漆塗作業が行われ、漆容器蓋紙として反古紙が用いられていたということだけは確言できる。

（6）上宿遺跡出土漆紙文書

上宿遺跡は、下野国那須郡家推定地の近くに位置する集落遺跡である。漆紙文書が出土したのは竪穴住居の跡で、漆の付着した布、漆を加熱して精製加工するために用いた甕など、漆に関係する遺物が多数出土しているので、継続的に漆塗作業が行われていたことがわかる。(11)

漆紙文書の内容は、横杖など、物品の法量を記したもので、調度品の製作に関わる文書である。この工房は、その立地から、郡家に関連すると考えられるので、反古紙の供給元も郡家かと推定できる。文書の内容から、郡家の中でも調度品製作に関係する部署が最終保管主体であるとみられるので、当該工房に直接関わる部署から払い下げられたものであろう。

このことは、道具としての蓋紙の供給のみならず、それが付されていた容器、さらには中に入っていた原材料としての漆の供給元も郡に関係していることを示唆している。すなわち、この漆紙文書は、出土した工房遺跡の性格を考えるための重要な手がかりとなりうるのである。

（7）地方出土漆紙文書の供給経路

以上、五つの事例を取り上げて、漆塗作業の場の性格と、そこへの反古紙供給経路を検討した。その結果、いくつかの類型を抽出することができた。

第一は、国府の造営における漆塗作業に際し、国府から払い下げられた反古文書が再利用される場合である。これには、多賀城政庁の事例、祢布ヶ森遺跡の事例が該当する。この他にも、官衙の造営に際し、当該官衙から払い下げられた反古文書が用いられる例は多く、典型的な類型の一つと位置づけられる。

第二は、国府に近接する工房に対し、国府から払い下げられた反古文書が再利用される場合である。これには、鹿の子C遺跡の事例のうち、一般的なものが該当する。

第三は、国府に近接する工房に対し、漆生産地に近い郡において、郡廃棄の反古文書が蓋紙として付され、容器、内容物とともにもたらされる場合である。これには、鹿の子C遺跡の事例のうち、特定の郡に関係する文書が該当する。第四は、郡家関連の工房に対し、工房に直接関連する部署から反古紙がもたらされる場合である。これには、上宿遺跡の事例が該当する。

以上、例示的に挙げた資料から抽出したに過ぎないが、多様な反古紙供給経路のあり方が存在することは示せたと考える。

おわりに

以上二節にわたって、都城および地方出土の漆紙文書について検討を加えた。漆工房への反古文書供給経路が、工房の性格、漆容器の用途などとの関係で多様であることが明らかになった（図1「漆紙文書のライフサイクル」は、本章で述べた漆の流通・消費の過程と、反古紙の供給経路を図にしたものである）[12]。個々の事例分析においては、この問題を念頭に置きながら、文書の性格を判断する必要がある。

反古文書の供給を分析する中で注目したいのは、平城京跡左京二条二坊六坪・袮布ヶ森遺跡・胆沢城跡など、題籤軸・棒状の軸など、文書の軸が漆紙文書と伴出している、あるいは付近から出土している事例である。漆容器蓋紙として再利用される文書は、一般的には巻子装になっていた方が使いやすいと推定できる。巻子装の反古文書が再利用の場にもたらされる際には、文書の軸も合わせて移動するはずである。漆塗作業現場では、漆容器蓋紙も含めさまざまな場面で反古紙を用いるが、巻子装の紙を再利用しつくした段階で軸を廃棄する。同じ場所で漆容器蓋紙も廃棄することになるので、その場合は至近の地から漆紙文書と文書の軸が出土することになるのである。

残念ながら、現段階では文書と軸が共伴する事例が少なく、内容上対応している例もないため、具体例に基づくこれ以上の検討は不可能であるが、今後事例が増加したならば、文書の作成主体・最終保管主体を含めて漆紙文書の来歴を考えるために、大きな手がかりとなると考えられる。

註

（1）平川南「史料にみる古代の漆」（『漆紙文書の研究』吉川弘文館、一九八九年）
（2）玉田芳英「漆付着土器の研究」（奈良国立文化財研究所創立四〇周年記念論文集刊行会編『文化財論叢』II、同朋舎出版、一九九五年）
（3）古尾谷知浩「都城出土漆紙文書の来歴」（『木簡研究』二四、二〇〇二年）
（4）玉田芳英「漆付着土器の研究」（前掲註2）
（5）鹿の子C遺跡の例。平川南「律令制と東国」（『新版　古代の日本8　関東』角川書店、一九九二年）を参照。
（6）都城における反古紙を含む紙の流通については、仲洋子「写経用紙の入手経路について」（『史論』三三、一九八〇年）を参照。
（7）平川南「漆紙文書と遺跡・遺構」（『漆紙文書の研究』吉川弘文館、一九八九年）
（8）平川南「律令制と東国」（前掲註5）
（9）古尾谷知浩「祢布ヶ森遺跡出土の題籤軸」（『文献史料・物質資料と古代史研究』塙書房、二〇一〇年、初発表二〇〇三年）
（10）水沢市教育委員会『胆沢城跡――昭和六一年度発掘調査概報』一九八七年
（11）栃木県教育委員会『栃木県埋蔵文化財保護行政年報（平成四年度）』一九九四年
（12）古尾谷知浩原図、下鳥道代作成。

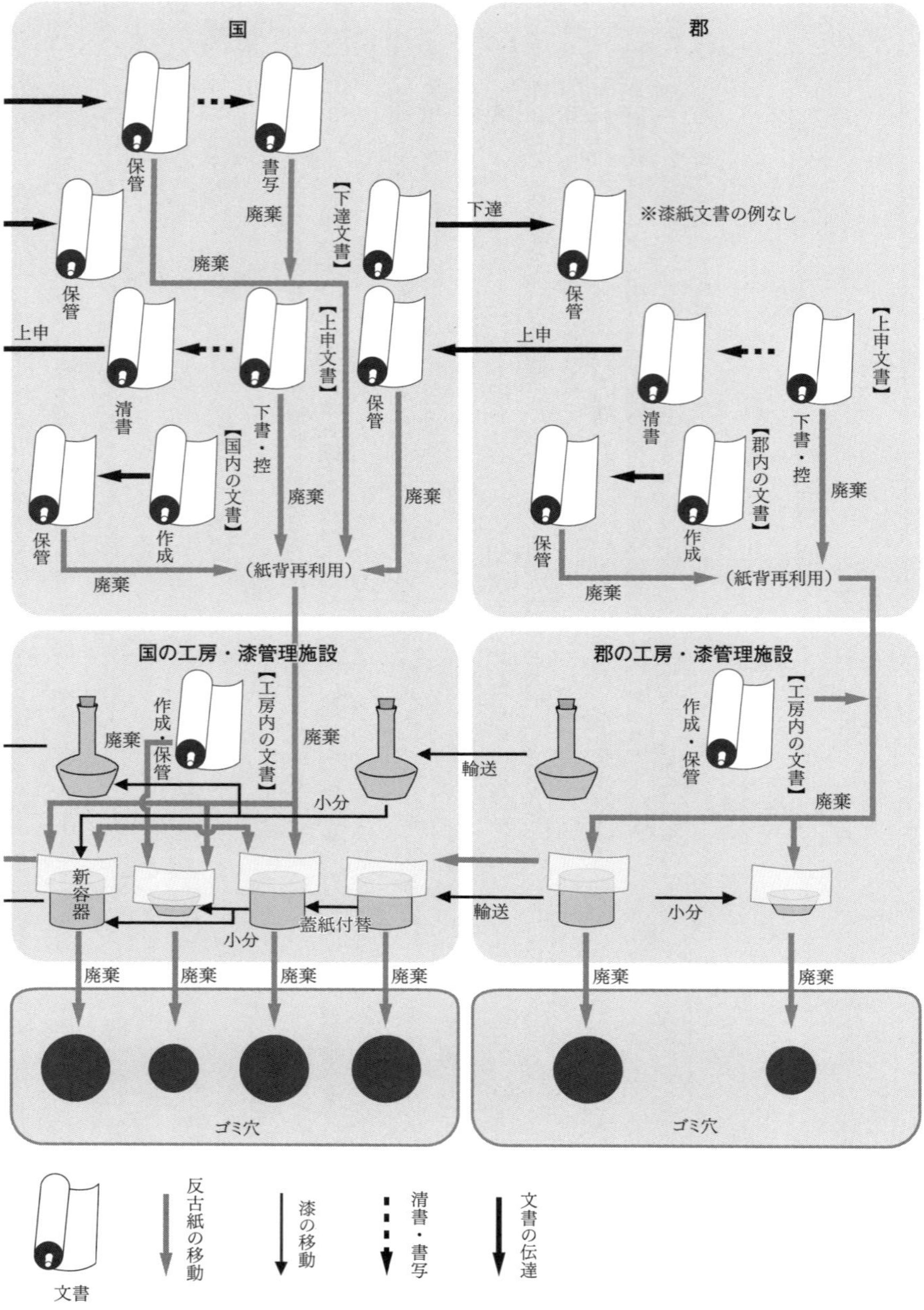
国
郡
保管
書写
廃棄
【下達文書】
下達
※漆紙文書の例なし
保管
廃棄
保管
上申
清書
【上申文書】
下書・控
保管
上申
清書
【上申文書】
下書・控
【国内の文書】
保管
作成
廃棄
廃棄
廃棄
【郡内の文書】
保管
作成
廃棄
（紙背再利用）
廃棄
（紙背再利用）
廃棄
国の工房・漆管理施設
郡の工房・漆管理施設
作成・保管
【工房内の文書】
廃棄
廃棄
作成・保管
【工房内の文書】
廃棄
輸送
小分
新容器
蓋紙付替
小分
輸送
小分
廃棄
廃棄
廃棄
廃棄
廃棄
廃棄
ゴミ穴
ゴミ穴
文書
反古紙の移動
漆の移動
清書・書写
文書の伝達

ライフサイクル

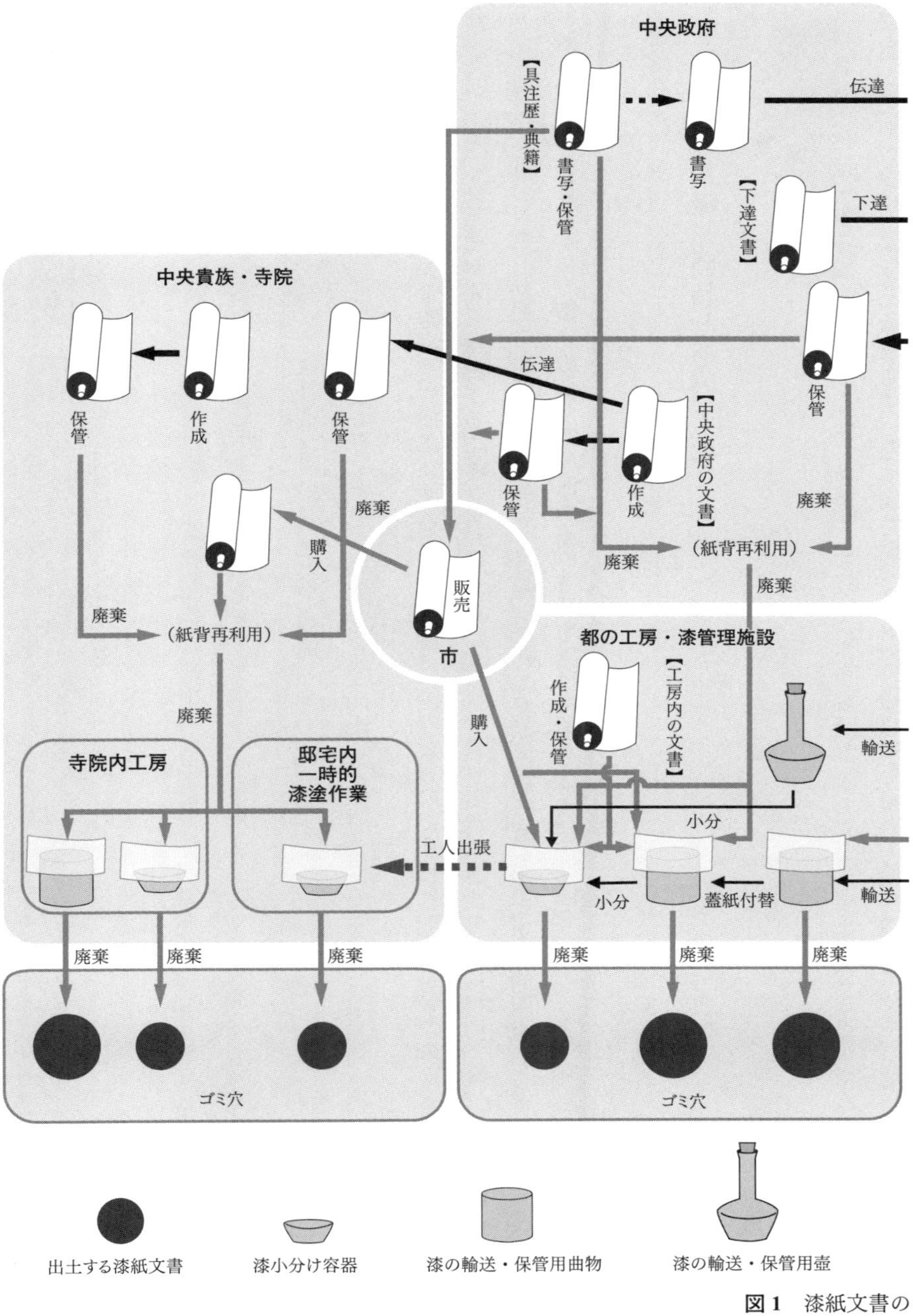
中央政府
【具注暦・典籍】
書写・保管
書写
伝達
【下達文書】
下達
保管
廃棄
【中央政府の文書】
作成
保管
伝達
廃棄
（紙背再利用）
廃棄
中央貴族・寺院
保管
作成
保管
廃棄
購入
販売
市
廃棄
（紙背再利用）
廃棄
都の工房・漆管理施設
【工房内の文書】
作成・保管
購入
輸送
寺院内工房
邸宅内
一時的
漆塗作業
工人出張
小分
小分
蓋紙付替
輸送
廃棄
廃棄
廃棄
廃棄
廃棄
廃棄
ゴミ穴
ゴミ穴
出土する漆紙文書
漆小分け容器
漆の輸送・保管用曲物
漆の輸送・保管用壺

図1　漆紙文書の

第二章　古代の漆工

はじめに

本章は、日本古代の律令国家が、漆工における漆や技術労働力をどのように管理していたのか、あるいはしていなかったのかを、文献史料から検討することを目的とする。古代の文献史料にみえる漆については、平川南の研究があり[1]、基礎的な部分は明らかにされているが、ここでは、平川の業績を踏まえ、手工業史的観点から再検討したい。まずは漆工製品の品目ごとに、製作のあり方、漆調達の方法を軸に整理しよう。

一　漆工製品とその生産

(1) 仏　像

奈良時代には、乾漆製（脱活乾漆、木心乾漆）の仏像が数多く造立された[2]。文献上、乾漆は「塼」「塞」「則」と称される。「塼」の語は、仏像のみならず、漆で布を貼ったもの一般に用いられ、後述の建造物や調度について称することもある。脱活乾漆像、木心乾漆像とも、可塑性の素材を盛り上げて形を整えるものであり、平安時代以降盛行する木彫像と異なり、金銅像の原型像、塑像と共通する。ただし、漆は高価であり、塑像より上位に位置づけられていた[3]。

乾漆像の制作を示す文書が、正倉院文書の中に残されている。天平宝字四年（七六〇）六月二五日「奉造一丈六尺観世音菩薩料雑物請用帳[4]」がそれである。しばらくこの文書について検討する。

この文書には、「経所」印が押捺されており、造東大寺司番上として写経事業にも従事した今木人成が領として署名している。また、造像事業に関わり、給与として絁を支給された賀陽田主・六人部荒角は造東大寺司造物所に従事した人物である。以上のことから、造東大寺司の管轄下の造像に関わる文書であると推定でき、予算の管理は写経所で、造像そのものは造物所で行われていたとみられる[5]。

絁を支給された仏工のうち、田辺国持・佐為尺麻呂には、傍らに「寺」の注記があり、造東大寺司の仏工であると考えられる。田辺国持は、法華寺金堂の造営にも関与していた[6]。なお、この文書が作成された時期は、光明皇太后の死去直後にあたる。ただし、後述のように、これは事業終了時の報告であり、光明皇太后の生前から進められていたものか、死去後の追善のためかは確定できない。

次に、文書の内容を検討すると、大きく前半と後半に分けることができる。前半は、造像のために請求した三一種の必要物資の品目・数量を、支給元の官司ごとに書き上げたもので、後半は、「雑用」として、「用」「残」を記載している。支給元としては、節部省・左平準署・大炊司・大膳職・醤司・内史局・油司・内裏が挙がっている。内裏から物資が支給されているということは、淳仁天皇または孝謙太上天皇が財政的に支援しているということを示している（造東大寺司写経所との関係からいえば、孝謙太上天皇の方が可能性が高い）。ただし、主として物資を支給しているのは節部省である。また、留意すべきは、造東大寺司造物所の事業であるにもかかわらず、造東大寺司は費用負担をしていないということである。つまり、東大寺向けの造像ではない可能性が高い。

また、本文書に「用」「残」を記載しているということは、造像事業の最終報告であることを示している。しかし、その正本とは考えにくい。「経所」印は、前半の請求品目の項まで押捺されているが、後半の「雑用」項には捺されていない。その「雑用」項のうち、絁の残数について、書き落としのため一行追記している。つまり、最終段階の清書本ではなく、写経所の手元に残した案文である。

紙背文書は、いわゆる「造石山寺所解移牒符案」である。「造石山寺所解移牒符案」の紙背にある造寺造仏関係文書には、造石山寺所・東大寺東塔所・造東大寺司（告朔解）・法華寺（または法華寺阿弥陀浄土院）造金堂所のものが含まれている。[7]反古文書の流れから考えると、「奉造一丈六尺観世音菩薩料雑物請用帳」はこれらのいずれかに関係する可能性があるが、もしそうだとすると、時期が一致するのは法華寺金堂の造営事業である。

なお、法華寺造金堂所の造営事業は、光明皇太后が生前発願したもので、従事する労働力の確保や、予算・事務の管理は造東大寺司が関与していた。しかし、費用については造東大寺司は負担せず、坤宮官周辺、孝謙太上天皇の内裏周辺が必要物資を調達していたことがわかっている。[8]

ここで、天平宝字四年丈六観世音菩薩像造立事業と法華寺金堂造営事業を比較しておこう。共通する点、関連する点としては、次のようなものがある。まず、時期が重なるということである。第二に、人的・組織的に造東大寺司が関わるが、費用負担は別になっているということである。人的関与の点でみると、仏工田辺国持が両者に関与していることが注意される。一方、法華寺造金堂所では仏像の台座は作っているが仏像自体は作っていない。これは両者の事業が競合していないことを示す。なお、法華寺の本尊についてみると、金堂本尊は、盧舎那仏、脇侍が観世音菩薩・虚空蔵菩薩かと推定されており、阿弥陀浄土院本尊は、当然、阿弥陀如来・観世音菩薩・勢至菩薩であろう。[9]講堂本尊は、少なくとも後世には観世音菩薩であって、法華寺の現本尊である十一面観世音菩薩にあたるとされるが、これは平安時代初期の像であり、天平宝字段階の本尊は不明である。

次に、相違点について確認する。法華寺金堂造営事業の費用負担は坤宮官周辺が中心で、内裏も関与するというあり方であったのに対し、丈六観世音菩薩像造立事業の費用負担は節部省が中心で、内裏も補助的には関与しているが、坤宮官は関与していないという点が大きな違いである。光明皇太后発願の法華寺との関係からすると、中心からはやや離れていると判断できる。

以上の諸点から当該の一丈六尺観世音菩薩の造立事業について考えてみたい。まず、光明皇太后の発願ではないだろうと推定でき、恐らく孝謙太上天皇の発願であると思われる。興福寺東院檜皮葺堂の本尊であるという説[10]があるが、紙背文書の利用の経緯からして、その可能性は低い。論理的には、全く未知の天皇発願寺院向け造像の可能性が無いわけではないが、現実的に丈六という大きな仏像を安置しようと考えた場合、候補は限られるであろうから、その可能性は排除して良かろう。消去法と状況証拠から考えると、法華寺向けのものであって、光明皇太后の病が重くなった時期の造像かと思われる。確定させることはできないが、講堂の本尊を候補としておきたい。

さて、当該文書における必要物資の中で、節部省（大蔵省）から受けたもののうち、「漆一斛八斗（『大日古』は「一」を脱する）」のほか、「伊予砥三果」「木賊一把」（表面研磨用）が計上されている。漆を大量に使用していることからみて、この像は乾漆像（恐らく脱活乾漆像）である。この漆は、節部省から受け取っていることから考えて、財源は中男作物（後述）であろう。当該像の造立にあたっては、造東大寺司という官司において、租税の一部の再分配をうける形で漆を調達していたのである。

（2）仏　堂

漆は寺院建造物の柱などの塗装にも多用された。天平宝字四年（七六〇）かと推定される法華寺金堂造営関係文書である「造金堂所解」[11]には、造営に関わる必要物資が数多く計上されている。そのうち、「請漆」の項をみると、「堂柱十四根塗料」として、柱一本あたり八升七合の漆が計上されており、内訳は、「壥料」（布着せ）五升二合、「土漆」（絹で篩った土を混ぜた下地用の漆）三升五合であった（「土漆料土篩料」の「生絹」も別に計上されている）。

木材部分のみならず金属部分の塗装にも漆は用いられている。「鐶四口久佐利焼塗料」「堂飛炎木後釘千六百七十二隻焼塗料」などがみえ、鎖・釘の塗装用に漆が計上されていた。金属に漆を塗って高温で加熱すると、容易にはがれない強力な塗膜となる。これは建造物の金具に限らず、後述の調度品や武器の場合でも用いられる技法であった[12]。

建造物の一部として変わった物では、乾漆製の箜篌（ハープ）がある。これは軒の四隅につり下げて荘厳を加えるものであった[13]。

（3）調度・食器

東大寺への献物帳類や諸寺院の資財帳類をみると、螺鈿・平文・平脱など、貝や金銀で加飾した木胎漆器、漆塗の革箱、乾漆製の鉢などが多数みられる。これらの史料に挙がっているのは当然寺院の資財であるが、「国家珍宝帳」を典型として、天皇、貴族層からの寄進に由来する場合も多い。従って、宮廷の調度品類も同様のものであったと考えられる。

これら調度品の製作のあり方を検討してみよう。興福寺西金堂造営関係文書である天平六年（七三四）「造仏所作物帳[14]」をみると、堂内で用いる高座やその宝蓋（屋根）・柱・大床・登（階段）、高座前机、礼盤などの塗装のため、漆、着色用掃墨（油煙または松煙の煤）、則（布着せ）用の細布、接着のために混ぜる小麦粉、加飾用の練金・銀などが計上されている[15]。ここでの漆調達方法について確認すると、「雑用銭」の項に、漆二〇斛九斗一升を購入する費用として四〇九貫五五〇文が計上されている[16]。流通している漆を銭貨で購入する形になっているのである。

つづいて、再び、法華寺金堂造営関係文書の「造金堂所解」をみてみたい。ここでも、高座および附属の調度品の塗装、仏像台座や堂内荘厳のための花弁の乾漆に、漆が計上されている。品物にもよるが、何度も重ね塗りが施されていることがみてとれる。例えば、高座の場合、土漆（下地）を二度、墨漆（掃墨で着色した黒色の漆）を三度塗っており、仏像台座の花弁の場合、壥、土漆、墨漆、佐目漆（透漆か）、花塗（仕上げ）と重ね塗りされている。造金堂所における漆の調達方法をみても、漆三斗七升五合の購入費用として八貫八〇〇文が計上されており[17]、全量ではないが銭貨で購入していたことがわかる。

つづいて、宮廷における漆器生産のあり方を検討する。令制では、大蔵省被管の漆部司に漆部二〇人（品部。うち伴造七人）が配属され、漆器の生産にあたっていた。しかし奈良時代を通じて品部による手工業生産の位置づけは低下し、漆部司は大同三年（八〇八）に画工司とともに次に述べる内匠寮に併合され[18]、漆部も弘仁二年（八一一）年に廃止された[19]。

これに対し、奈良時代以降の手工業官司の中心となったのは、神亀五年（七二八）に設置された内匠寮である。設置当初に所属した技術者の部門別内訳は不明であるが、年欠〈天平一九年〈七四七〉以前〉「内匠寮解[20]」をみると、この時点における内匠寮所属工人として、番上匠手、金銀銅鉄手、木石土瓦歯角匠手、織錦綾羅手、織柳箱手、国工、造菩薩司匠らが記載されている。この中に漆工専門の工人はみえないが、木製品、金属製品、仏像は扱っているので、当然、漆による塗装作業は含まれていたであろう。さらに、漆部司併合後、工人の定員および職種別内訳が規定されたが[21]、その中には漆塗の長上工二人、番上工一〇人が含まれていた。

以上の変遷を経たことを踏まえ、『延喜式』内匠寮には、食器[22]などの漆器を含め、さまざまな手工業製品についての規定がある。各品目について、原材料、所用の道具、功程を列記し、製作の基準としているのである。必要物資、労働力を官の側が管理して製作に当たっていたことが知られる。

（4）諸国における漆塗製品の生産

これまで、朝廷、中央大寺院における漆工を検討してきたが、地方の諸国でも漆工は行われていた。最重要品目は兵器であるが、これは後述することとして、調度品類につき、文献史料にみられるものを概観しておきたい。

天平六年度（七三四）「尾張国正税帳[23]」をみると、中央進上用の罇、木蕢椀の製作に必要な物資を調達する費用を計上していることがわかる。その中には、漆（罇については漆漉し用の絹・綿も）が含まれている。罇の製作は国が費用を負担して行ったと言えるが、原材料の一つである漆は、国が直接生産したり、租税として徴収したのではなく、稲を対価として支払って調達していたのである。

なお、樽については、『延喜式』民部省の交易雑物の中にみえ、伊賀・伊勢・尾張・参河・遠江・加賀・丹後・紀伊などの国から進上することになっていた。ただし、この場合、「赤漆」とされるのは「朸（おうご。担ぐ時に用いる棒）」のみである。「尾張国正税帳」にみえるように原材料を購入して国で生産するのではなく、製品を対価を支払って購入する形であった。

次に、天平一〇年度（七三八）「筑後国正税帳」(24)をみてみよう。ここには、「貢上造轆轤雑工参人」（延べ労働力四三人）に対して食料を支給している記載がある。文字通り解釈すると、「ろくろを造る雑工」であるが、ろくろ造りのために延べ四三人は多すぎ、また、道具を貢納するのは不自然でもある。これは、ろくろで造った製品、つまり貢納用の木製挽物の生産に関わるものであろう。この記載には漆は出てこないが、関連する史料がある。

『延喜式』民部省にみえる「大宰府年料造進」は、朱漆の酒海、各種盤・椀、黒漆の提壺などを正税を用いて製作・進上させる制度である。これらの木地は挽物であり、「筑後国正税帳」にみえるろくろ工人が、正税から食料を支給されて生産にあたっていたことと対応する。その製品には漆が塗られ、中央に貢納されたのであろう。

また、平城京二条大路木簡の中には、「丹後国塗漆櫃」「美作国塗漆櫃」と記した付札がある。(25)これらは近接した位置で出土しており、また、筆跡が酷似している。従って、貢納段階で付された荷札ではなく、都で付されたと考えられる。しかし、この史料から、天平年間のはじめに、丹後国・美作国において櫃に漆が塗られ、平城京に進上されたことが確認できる。

漆塗の櫃に関する『延喜式』規定を確認しておこう。『延喜式』主計寮上をみると、伊勢・尾張・参河・遠江・近江・美濃・越前・越中・丹波・但馬・播磨などの国から、庸として塗漆著鏁韓櫃を進上することになっていた。ここには、二条大路木簡にみえる丹後・美作国は含まれていない。二条大路木簡の例が庸以外によるものか、後に規定が変更されたのか、確定できない。いずれにしても、『延喜式』に規定のない国でも漆工が行われていた可能性があることを示している。

以上、いくつかの例により、地方でも漆工が行われていたことを確認してきた。正税を支出して国で漆塗製品を生産する場合、製品を庸として、または交易雑物の形で対価を支払って調達する場合などがあったことが判明する。前者の場合は、国が公的に漆器生産に関わっていたと位置づけられるのであるが、その場合でも、漆自体は対価を支払って購入していたことは注意される。

(5) 武　器

奈良時代において、仏寺・仏像・調度品などより実質的に重要な製品は武器であった。漆は強力な塗膜であり、武器のうち、皮革・木質・金属部分などの塗装に効果を発揮した。漆は軍需物資でもあったのである。以下、中央、地方における武器生産のあり方を検討する。

中央における武器を示すものとして、天平勝宝八歳（七五六）六月二一日「国家珍宝帳」[26]をみてみたい。大刀の外装、各種の弓、箭などの塗装に漆が用いられている。これらは、聖武天皇の遺品であるが、宮廷用の武器一般の状況を示している。これらの中には儀仗用の武器もあるが、実戦に使用される場合もあった。

また、天平一九年（七四七）二月一一日「大安寺伽藍縁起并流記資財帳」によれば、鎧三具のうち一具が漆塗とされていた。[27]

一方、地方における武器生産については、天平一〇年度（七三八）「周防国正税帳」[28]をみると、「造年料兵器伍種」として、挂甲・大刀・弓・矢・胡禄の生産に関わる記載がある。必要物資の中に、鉄などとならんで漆も計上されており、正税稲から対価を支出して調達していることがわかる。

次に、『延喜式』規定にみる武器生産をみておきたい。主税寮式には、地方で正税を支出して生産する武器の必要物資を規定しており、革短甲冑・大刀鞘・弓・征箭・胡簶の原材料の中に漆が計上されている。また、兵庫寮式では、中央用の梓弓・征箭・烏装横刀・挂甲などの製作に必要な物資の中に漆がみえる。いずれも官の側で原材料の漆を準備して生産する規定である。

もっとも、令制下では官の兵器もあるが、兵士の個人装備は自弁が原則である。『延喜式』の規定でも、官の兵器の生産は優先されることになっているが、同じ工房で私の兵器を生産することもあるということは、自明の前提として認められていた。(29) 兵器生産を官が独占していたということではない。

二　漆の調達

前節まで、漆塗製品とその生産のあり方を検討してきた。次いで、原料となる漆の調達の問題を概観したい。

律令国家は漆の調達にあたり、租税として徴収することを意図していた。『養老令』賦役令1調絹絁条では、調副物の中に、正丁一人あたり漆三勺の賦課を規定している。調副物は養老元年（七一七）に廃止され、中男作物に引き継がれる。実際、後述のように『延喜式』主計寮上には、中男作物として徴収する品目の中に漆がみえる。

このほか、令制中には、漆に関する重要な規定がある。『養老令』田令16桑漆条では、各戸につき、上中下の等級に応じて、規定の本数以上の桑・漆を植えることを定めている。従来の研究ではほとんど指摘がないが、本条について、日本令がもとにした中国の令は大きく異なっている。(30) 北魏令・北斉河清三年令、隋開皇令、唐開元二五年令などでは、対象となる樹木は「桑・楡・棗」（宋天聖令では「桑・棗」）であって、中国では一貫して漆の植栽は規定していないのである。

日本令がなぜ楡・棗を継受しなかったかは、それはそれとして問題であるが、ここでは、なぜ漆を独自に入れたかに限って検討したい。厳密に史料的根拠はないが、前節での検討からうかがえるように、仏寺・宮殿の造営の盛行に伴って、漆の需要が増大した。これを租税として徴収することを支えるために桑と並んで当該条に漆を規定したのだと考えられる。

田令16桑漆条の実効性を担保するものとして、「桑漆帳」を諸国に作成・進上させ、植栽状況を把握する制度があった。「桑漆帳」の初見は天平二年（七三〇）であり（後述）、天平六年度（七三四）「出雲国計会帳」[31]にも、一〇月二一日に出雲国から進上した公文の中に「桑漆帳一巻」がみえる。『延喜式』主計寮下でも、桑漆帳につき、戸数と照合して不足する場合、受理せずに不足分を植えさせることを規定している。

にもかかわらずこの規定には実効性がなかった。天平二年、諸国が進上する桑漆帳には偽りが多く実態を反映していないことが問題視され、使者を派遣して監査を行い、不正があれば国司郡司を処罰することを定めている。[32]その後、大同元年（八〇六）八月二五日太政官符、同二年正月二〇日太政官符[33]、寛平九年（八九七）五月二六日太政官符[34]によって、何度も励行されているが、逆にそのこと自体、効果がなかったことを示している。

弘仁八年（八一七）一二月二五日太政官符[35]によれば、伊勢国多気郡で植えるべき漆一万〇七七三根のうち、現実にあったのは一一四〇根、同国度会郡では一万三〇四〇根のうち七〇七根しかないことが問題とされている。

現実には土地の条件などにより規定数を満たせない場合もありうる。令自体、土地が生育のために宜しくなければ、規定を満たさなくとも良いと定めている。実際には、条件の良いところが特産地化しており、全国一律に漆の木を植栽させ、漆を徴収する形は取らず、特定の国から租税などとして徴収することとなっていた。『延喜式』主計寮では、上総・上野・越前・能登・越中・越後・丹波・丹後・但馬・因幡・備中・備後・筑前・筑後・豊後などの国の中男作物、民部省では、越前・加賀・越中・越後などの国の交易雑物、丹波国の年料別貢雑物として漆が規定されている。また、『延喜式』内蔵寮、諸国年料供進の項では、越前国からの漆貢納が定められており、天皇用の器物の塗装のため、独自の財源が設定されていた。

三　官によらない漆の流通・使用

これまでの叙述では、一見すると、国家が強力に漆を管理し、租税などとして徴収、独占的に技術者を管理して漆器を生産していたかのようにみえる。しかし、これは国家側の史料、天皇発願寺院など大寺院の造営に関する史料を扱ったため、そのようにみえるだけであって、史料に現れにくい、国家掌握外の部分が存在しなかったことにはならない。断片的に顔を出す史料から、国家管理の外側における漆の流通や漆工人の存在を探る必要があろう。

国家以外における漆の流通の担い手として、まず挙げるべきものは貴族あるいは国司の私的家産機構である。天平宝字六年（七六二）の石山寺造営関係文書をみると、頻繁に漆の購入がなされていることがわかる。[36] 天平宝字六年正月七日造石山寺所宛「六人部荒角解」[37]では、四つの事項を連絡している。そのうち漆に関する部分を掲出しよう。

一、買漆四斗

一、陸奥殿漆者、価四百五十文、自レ此者一文不レ減者。

「陸奥殿」とは当時陸奥守であったと推定される藤原朝獦（仲麻呂の息）にあたる。この文書では「陸奥殿漆」の価格が報告されている。つまり、「陸奥殿」が所持する漆を、対価を支払って購入することが計画されていたのである。「陸奥殿漆」の価格四五〇文の量は明記されていない（直前の「四斗」は別件）が、「これよりは一文たりとも安くしないということだ」と報告されている。この表現からは、ことさらに高い価格が提示されていたものとみられる。後述の関連文書（同月一四日「六人部荒角解」）によれば、同時期における漆一升あたりの相場について、陸奥・上野二国の上品漆は二六〇文、中品漆は二五〇文、越国の漆は二三〇文であることが、同じ六人部荒角から造石山寺所に報告されている。これより高いということであれば、同様に一升あたり四五〇文ということであると思われる。

なお、この文書は、造東大寺司造物所が造石山寺所に漆四斗の購入を要請し、あわせて「陸奥殿漆」の価格を連絡したものである。[38] このことは、関連文書であるところの同年正月一四日「六人部荒角解」[39]で、造物所が造石山寺所に漆二石八斗二升の対価として七〇貫九四〇文を充てていること、同年正月二三日造物所宛「造石山寺所牒」[40]では、造物所から漆購入のため受領した銭の額、漆購入量と代金、残額、漆進上状況を報告していることから明らかである。

この「陸奥殿漆」については、一連の文書の中で、最終的にこれが購入されたことを明記する史料はない。相場より高い漆の取引が結果的に成立したかどうかは不明である。ただ、いずれにしても、国司、あるいは国政の中枢に近い貴族が、租税とは別に漆を集積し、京周辺にもたらし、売却しようとしたことは確認できる。

しかし、漆の所有者個人が特定できるような事例は「陸奥殿」のみである。例えば、同年七月二日「造石山寺所解」[41]や、「造石山寺所銭用帳」[42]によれば、造石山寺所で必要な釘に塗るための漆を、近くの勢多市で購入することができず、奈良で購入していることがわかる。他にも漆の売買に関わる史料はあるが、「陸奥殿漆」に類する表記はなされていない。国司などの職掌をもった特定の個人、あるいは権力者の子弟といった特定の個人によらなくとも、一般に漆は流通しており、対価さえ支払えば入手可能であったことを示している。

銭貨で漆を購入するというあり方は、先述の興福寺西金堂造営や、法華寺金堂の造営の場合も同様であった。先にみた、天平宝字四年の丈六観世音菩薩像造立事業の場合のように、節部省（大蔵省）に納入された中男作物の蓄積から再分配を受けて入手する方法もある。しかし、造営事業における大勢は、わかる限り一般に流通している漆を購入するあり方であった。

漆が租税だけでは不足し、やむを得ず購入したという評価[43]もあり得るが、むしろ、広く生産されている漆の一部のみを租税として確保していたとみる方が適切であろう。租税以外の大部分の漆は一般に流通していたのである。現実問題として、宮廷における恒常的な需要、あるいは小規模需要であればともかく、大規模かつ短期間に限られ、年により増減の大きい需要に対応するためには、年間で定額の租税として調達することはなじまず、その時々で対価を払って購入する方が便利であろう。事実、興福寺西金堂、法華寺金堂、石山寺などの造営ではそのように対応していたのである。

漆の私的流通を傍証する事件がある。養老四年（七二〇）、漆部司の漆の盗難が発覚し、処分がなされた。[44]食料品や製品と異なり、漆は原料の一つに過ぎないから、それ自体を犯人が持っていても役に立たない。売却して利益を図ろうとしたと推測できる。漆は官の管理の及ばない流通ルートへ向けて売却することが期待できる商品だったのである。

民間における漆流通の問題を別の観点から検討しよう。先に、「桑漆帳」が機能不全に陥っていたことを述べたが、問題となっているのは、単に国家が掌握している漆の木の本数が規定より少ないこと、国司が実数を把握していないことである。国が掌握している外側に漆の木が存在しなかったことを示すものではなく、国において漆自体が欠乏しているることを述べた史料でもない。一般に漆が存在していたからこそ、朝廷は漆の木自体を把握できなくても、民間で採取された漆を購入の形で調達できたのである。[45]また、先述の大同二年正月二〇日太政官符にある東海道観察使藤原葛野麻呂の奏上によれば、桑・漆について、「公私由ㇾ之」と述べられており、国家が漆を独占しようとしたわけでもなく、民間での漆使用を規制しようとしているわけでもないことがうかがえる。

民間における漆工の存在は、技術者の面からも指摘できる。天平宝字六年（七六二）一二月一六日「私部得麻呂漆工貢進文」[46]をみてみよう。

貢上
私部酒主年廿　但馬国気多郡余部郷戸主
私部意嶋戸口
知ㇾ塗漆ㇾ
天平宝字六年十二月十六日
貢上人右大舎人少初位上私部得麻呂

これによれば、右大舎人少初位上私部得麻呂が、但馬国気多郡余部郷戸主私部意嶋の戸口私部酒主を、「塗漆を知る」ことをもって、同族のつながりによって、造東大寺司に推薦している。確かに、造東大寺司に採用された後は、私部酒主は官の工房の漆工人という位置づけであるが、その直前までは民間の工人であった。一時的に但馬国の需要に応じて生産を行った可能性はあるにせよ、貢進したのは但馬国ではないので、但馬国の工房に所属していたわけではない。また、酒主は、国家により強制的に徴発されたのではなく、同族の伝手により官に関わるようになったのである。

この事例は、たまたま私部酒主が造東大寺司に貢進されたために知られるようになったのであって、民間の工人として生涯を送った者については史料に現れようもない。この事例は、史料に現れない民間漆工技術者が広範に存在したことを示唆する。律令国家はそのごく一部を把握して生産にあたらせていたに過ぎない[47]。

おわりに

奈良時代における漆工の国家管理のあり方について整理しておこう。原材料としての漆、および漆工技術者は広く民間に存在していた。律令国家は、これらを独占的に掌握していたわけではなく、一部を必要に応じて管理したのである。史料上現れている部分だけをみれば、漆工は中央集権的に管理されていたようにみえる。確かに律令国家はそれを志向する面もあるが、それが当時の漆工のすべてではない。

恒常的需要については、租税としての中男作物および交易雑物などの形で漆を徴収し、漆部司、後には内匠寮に編成した技術者により製品を生産していた。一方、寺院造営事業など、臨時の大規模需要については、造営官司の下に民間から採用した技術者も含めて工人を編成し、漆は銭貨により購入する形で、一般に流通しているものから調達していたのである。

註

（1）平川南『漆紙文書の研究』（吉川弘文館、一九八九年）。その他、漆工一般について、小松大秀編『日本の美術二二九　漆工（原始・古代編）』（至文堂、一九八五年）、四柳嘉章『漆』Ⅰ・Ⅱ（法政大学出版局、二〇〇六年）、同『漆の文化史』（岩波新書、二〇〇九年）などがあり、文献史料も用いて概説されている。
（2）本間正義「塑像及び乾漆像の製作と衰微に対する一解釈」（『美術史』五、一九五二年）、同「上代の塼技法に就て」（『国華』七二三、一九五二年）、同「天平時代の仏師と造仏所」（『佛教芸術』一六、一九五二年）、浅井和春「天平後期木心乾漆像の成立」（『美術史』一〇六、一九七九年）、田中嗣人『日本古代仏師の研究』（吉川弘文館、一九八三年）、津田徹英「脱活乾漆技法覚書」（東京文化財研究所編『研究資料 脱活乾漆像の技法』学芸書院発行、中央公論美術出版発売、二〇一一年）
（3）前掲註2にある本間の諸論文を参照。
（4）正倉院古文書正集五（以下、正集五のように略称）、『大日本古文書』四巻四二〇頁〜四二五頁（以下、『大日古』四―四二〇〜四二五のように略称）。
（5）山本幸男「天平宝字四〜五年の一切経の書写」（『写経所文書の基礎的研究』吉川弘文館、二〇〇二年、初発表一九八八年）、風間亜紀子「天平宝字年間における法華寺金堂の造営」（『正倉院文書研究』九、二〇〇三年）
（6）風間亜紀子「天平宝字年間における法華寺金堂の造営」（前掲註5）
（7）岡藤良敬『日本古代造営史料の復原研究』（法政大学出版局、一九八五年）
（8）福山敏男『日本建築史の研究』（桑名文星堂、一九四三年）、風間亜紀子「天平宝字年間における法華寺金堂の造営」（前掲註5）
（9）『大和古寺大観』五（岩波書店、一九七八年）
（10）浅井和春「天平後期木心乾漆像の成立」（前掲註2）
（11）続々修三八―九裏、『大日古』一六―二六六〜二七三
（12）例えば、天平七年（七三五）一一月五日「左京職符」（続修四二、『大日古』一―六三一）には、正倉の鏁（カギ）を漆で塗装する記述がある。
（13）福山敏男『日本建築史の研究』（前掲註8）を参照。なお、風間亜紀子「天平宝字年間における法華寺金堂の造営」（前掲註5）が須理（支輪）板の絵とするのは誤り。
（14）福山敏男『日本建築史の研究』（前掲註8）
（15）続々修三二―五裏、『大日古』一六―二七九、続修三三、『大日古』一―五六二
（16）続修三三、『大日古』一―五六六

(17) 続修三五、『大日古』一六―三〇一
(18)『類聚国史』大同三年（八〇八）正月壬寅条
(19)『日本後紀』弘仁二年（八一一）八月己丑条。なお、品部一般は、『続日本紀』天平宝字三年（七五九）九月戊寅条によれば、世業を相伝するものを除き停廃され、一般の公戸に編入することとされている。漆部については技術の世襲的要素が強かったためか、その後も存続したのであろう。
(20) 正集一、『大日古』二―四五八
(21)『類聚三代格』四、大同三年（八〇八）一〇月二一日太政官符、同、同年八月二八日太政官符
(22)『延喜式』内匠寮に規定された漆塗食器の色およびその階層性の問題について補足する。

天皇用漆器について（伊勢斎王用、賀茂斎院用の規定もあるが省略）みてみると、いくつかに分類することができる。まず、木製容器とそれ以外（革筥、屏風、斗帳、車など）に分けられる。木製容器はさらに二つに区分されている。一つは、「漆供御雑器」とあるもので、膳櫃（「赤漆」とされており、塗料は漆のみ）、槽・椀・盤・杯など（漆と着色用掃墨を計上）が含まれている。もう一つは「朱漆器」で、台盤、飯椀など（漆・朱沙〈水銀朱、上塗り用〉・掃墨〈中塗り用〉を計上）が含まれている。

この区分は一見すると不思議な分類である。確かに、「朱漆器」の区分は明確であるが、これと対置されるのが「黒漆器」ではなく包括的表現の「漆供御雑器」であるのは整合的でなく、事実、この中には掃墨による黒色漆器だけではなく「赤漆」を含んでいる。このことを考えるために、奈良時代から平安時代初期にかけての黒漆・赤漆・朱漆について検討してみたい。

奈良時代においては、文献上、漆に混ぜる着色料は掃墨のみしかみられない。伝世品・出土品をみても、黒色漆に限られている。赤色顔料（ベンガラ Fe_2O_3、水銀朱 HgS）を混ぜた漆は、作られていない。赤色顔料入りの漆は、縄文時代では主流であったが、弥生時代から少なくなり、奈良時代には途絶えてしまったのである。

九世紀になると、朱漆が出土品の上でも文献史料の上でもみられるようになる。出土例の増加により、朱漆が再び現れる時期が早まる可能性はあるが、大勢は変わらないであろう。奈良時代は黒漆の時代と位置づけることができる（小林行雄『古代の技術』塙選書、一九六二年）。

一方、奈良時代の文献の中には「赤漆」なるものがみえる。代表例として、正倉院宝物の「赤漆文欟木厨子」がある。これは、木地を蘇芳により着色した上に透漆をかけ、赤色にみせたものである。これに対し、『延喜式』内匠寮の「赤漆」の場合は、顔料、染料とも計上されていないので、着色せずに透漆をかけ、木地そのものをみせたものかと推定される。いずれにしても「赤漆」は顔料を混ぜた朱漆とは異なる。なお、赤色顔料による漆と区別するために「赤漆」は「セキシツ」と読むのが通例である。

以上の点を踏まえて『延喜式』内匠寮にみえる漆器の規定の議論に戻ると、「赤漆」「墨漆」のある「漆供御雑器」は奈良時代に遡りうるものであるのに対し、「朱漆器」は平安時代以降の新しい規定とみることができよう。「漆供御雑器」の項だけ、功程の表記が

「単功」「長・中・短功」ではなく、「功」となっていることも、このことと関係するのかも知れない。

次に、こうした食器の階層性について検討する。『延喜式』には、位階や官職によって使用する食器の材質に区別をつける規定がある。新嘗祭の宴に用いる食器として、大膳職式では、親王以下三位以上は朱漆、四位以下五位以上は烏漆（黒漆）となっており、大炊寮式では飯の器について、参議以上は朱漆椀、五位以上は葉椀（女官などは省略）となっている。一方、内膳司式では、天皇（中宮・東宮）供御用の雑器として、金銀器・朱漆器・黒漆器・瓷器が定められている。これらのことから、漆器は身分表示の具として規定されていたと位置づけられる（金子裕之「八・九世紀の漆器」〈奈良国立文化財研究所創立四〇周年記念論文集刊行会編『文化財論叢』II、同朋舎出版、一九九五年〉）。もっとも、先述のように、朱漆は八世紀にはないため、この規定をそのまま奈良時代に遡及させることは不可能であるが、黒漆が上位者用であることは認められよう。また、漆は高価であり、実際の奈良時代の出土事例が少ないことから考えても、主として限られた上位の階層が使用するものであったということは確かである。

かといって、法的に身分により使用が規制されていた形跡はない。『延喜式』弾正台では、身分、位階によるさまざまな禁制を規定している。しかし、それは衣服・装身具・乗物などの規制が主であって、漆製品については座具についてのみ規定があるに過ぎない。食膳具については漆器、土器を問わず、規制がないのである。少なくとも、食器を衣服と同列に規制しようとはしていなかった、ということは言える。

座具について補足しておくならば、『延喜式』掃部寮（弾正台式もほぼ同文）に「凡庁座者、親王及中納言已上倚子、五位已上漆床子、自余白木床子。」とあり、身分・位階により座具が厳格に規制されていること、漆は白木より上位であることがみてとれる。ただし、この規定は弘仁九年（八一八）以降のものである。それまで、令制では、床子は五位以上に与えられ、六位以下には席（ムシロ）が支給されていた。弘仁九年に、初めて六位以下にも床子が与えられたのである。これを受けて五位以上との区別のため漆塗か白木かの区別を定めたものであろう（三上喜孝「雑令の継受にみる律令官人制の特質」〈『延喜式研究』一三、一九九七年〉、大隅清陽「座具から見た朝礼の変遷」〈『律令官制と礼秩序の研究』吉川弘文館、二〇一一年、初発表二〇〇二年〉）。

『延喜式』掃部寮には別の規定もある。倚子、床子の部分のみ掲出すると、「凡設レ座者、皇太子……白木倚子、親王并大臣……赤漆小床子、大納言……中納言、赤漆小床子、参議已下侍従已上中床子……」とある。先の条文とは体系が異なっており、「赤漆」が朱漆ではなく「セキシツ」であれば、奈良時代に遡る規定であると推定できる。これによれば、最上位の皇太子の座具は、倚子という格上のものであるが白木であり、必ずしも漆塗の方が上位であったとは限らない。さらにいえば、天皇の玉座である高御座は、朱漆が登場する平安時代以降も黒漆塗であった。必ずしも朱漆が最上位であったわけでもないのである。

議論を食器に戻して整理しておこう。漆器が土器より上位、朱漆が黒漆より上位、という形で身分表示を行っている場面は確かにある。しかし、衣服のように罰則を伴うような形で規制はなされておらず、座具など漆塗製品一般に及ぶ秩序でもない。過度に漆塗製品の階層性を強調することはできないであろう。

(23) 正集一五、『大日古』一―六一一
(24) 正集四三、『大日古』二―一四七
(25) SD五三〇〇出土、『城』二四
(26) 『大日古』四―一二一～一七一
(27) 『大日古』二―六四五
(28) 正集三六、『大日古』二―一四〇
(29) 古尾谷知浩「文献史料からみた古代の鉄生産・流通と鉄製品の生産」(奈良文化財研究所編『官衙・集落と鉄　奈良文化財研究所研究報告第六冊』クバプロ、二〇一一年)
(30) 清武雄二「律令法上の園地規定と班田制」(『國學院雑誌』一一四―五、二〇一三年)は、唐令と比較した上で、日本独自に規定した漆樹の植栽につき、漆を調副物として徴収することに関わると指摘している。
(31) 正集三〇、『大日古』一―五九八
(32) 『類聚三代格』八、大同二年(八〇七)正月二〇日太政官符所引天平二年五月六日格
(33) 以上、それぞれ『類聚三代格』一六・八
(34) 『政事要略』六〇
(35) 『類聚三代格』一
(36) 森下和貴子「木心乾漆像の出現と漆」(『佛教芸術』二五五、二〇〇一年)
(37) 続修二六、『大日古』五―二～三。六人部荒角は造東大寺司造物所の官人。
(38) 鷺森浩幸「八世紀の流通経済と王権」(水野祐監修、荒木敏夫編『ヤマト王権と交流の諸相』名著出版、一九九四年)
(39) 続修二六、『大日古』五―四～五
(40) 続別五裏、『大日古』一五―一四〇
(41) 続々修一八―三、『大日古』一五―二二九
(42) 続別三二裏、『大日古』五―三六三
(43) 森下和貴子「木心乾漆像の出現と漆」(前掲註36)
(44) 『続日本紀』養老四年(七二〇)六月己酉条
(45) 民間での漆の流通や、一般集落における漆工の存在については、考古学の側から、巽淳一郎「都の焼物の特質とその変容」(『新版古代の日本6　近畿II』角川書店、一九九一年)、玉田芳英「漆付着土器の研究」(奈良国立文化財研究所創立四〇周年記念論文集刊行会編『文化財論叢』II、同朋舎出版、一九九五年)などの研究がある。

(46) 続々修四六―九、『大日古』一六―五八～五九

(47) 民間における漆工を含む手工業技術者の存在については、矢部良明「奈良朝の民間工人の動向」（『ＭＵＳＥＵＭ』二一六、一九六九年）を参照。また、国家掌握外の手工業については、古尾谷知浩『文献史料・物質資料と古代史研究』（塙書房、二〇一〇年）を参照。

付　章　漆紙文書調査の手引き

はじめに

この手引きは、漆紙文書を調査する際に、最低限観察しておくべきことがらを記したものである。しかし、まだ調査方法を定式化するためには試行錯誤の段階であり、かつ、木簡などのように一定程度定型的に扱える資料とは異なり、全ての資料を同一に扱うことはできないため、対象の資料に即して引き出すべき情報を考えなければならない。従って、以下の項目も、対象によっては役に立つ点と役に立たない点があるはずであり、常に最大限の情報を引き出すことができる方法を検討しなければならない。

この手引きを作成する際に留意したのは、肉眼による観察を主、赤外線による観察を従としたことである。赤外線で見えるのは、墨痕の情報に偏り、肉眼でないと確認できない多くの情報が欠落するからである。

一　形　態

漆蓋紙は考古資料であるから、形態の観察は不可欠である。これにより得られた情報は、漆容器の使用、漆の流通、反古紙の流通などの研究に寄与する。

（1）出土時の状況の把握

出土状況の写真が入手できることが望ましい。個体数の把握、接続作業にあたり、有用である。

（2）漆付着面とオモテ面の把握

接続作業、紙背文書の確認などに際して、不可欠の情報である。オモテ面にも漆が厚く付着していて、判別のつきにくい場合があるので注意を要する。

（3）円形の形状復原

理想的に残存したとすると、漆容器の大きさに合わせて漆紙文書は円形になるはずである。円弧が一部でも残っていれば、漆容器の直径が推定でき、容器の用途（漆保管用か、取り分け用か、パレット用かなど）を想定できる場合がある。また、他の断片の位置の推定にも必要な情報である。原則的に、断片は円内のどこかにしか置けないはずである。

（4）円弧の縁辺部の観察

容器と蓋紙が接した部分である縁辺部には、一般に漆が厚く固着していることが多い。この形状を観察することで、容器が曲物であるか、杯・皿状の土器であるかを推定できる場合がある。理想的に残存していた場合、曲物では縁が直角に立ち上がるのに対し、杯などではなだらかに立ち上がる。なお、長頸壺の場合は布または藁などで栓をするので、蓋紙は使用されない。短頸壺の場合は、円形の木製蓋を使用した可能性がある。蓋紙の例は知られない。他に、漆容器としては甕の例があるが、甕の蓋紙は現在までのところ例がない。

(5) 漆の観察

付着した漆が生漆か、精製したものかを区別するのが重要な場合もある。漆の生産・流通・使用を考える上で重要な情報であり、当該資料がどの段階でかぶせられた蓋紙であるかを推定する手がかりとなる。肉眼でも大まかな区別はできるが、厳密には切片を顕微鏡で観察しなければならない。

二　接　続

漆蓋紙はバラバラの断片に破損した形で出土することの方が多い。全体の形態を観察するにも、釈文を立てるにも接続作業が不可欠である。(1)の作業で接続が確定すれば問題はないが、全断片が残っているとは限らず、直接つながらなくても他の情報により断片相互の位置関係が確定する場合も多い。

(1) 断片の形状で合わせる

接続作業の基本である。断片の輪郭線で直接接合すれば問題なく決定する。ただし、漆の層と紙の層の二層構造になっているが、漆層と紙層がはがれた状態で、異なる形で割れる場合があり、その時は平面的形態だけでは接続が見抜けないことがある。原資料の保全のためにも、まずは写真、または写真に基づいて紙などで模型を作り、これで接続を推定する作業が先決であるが、原資料を見なければ接続が確定しない場合が多い。

(2) 漆の色・形状で合わせる

漆付着面の観察により、似た断片を分類しておけば、隣接する断片を探すのに便利である。また、漆が固化する前に何かが付着した痕跡が線状に残っていれば、接続の有力な手がかりとなる（長岡宮跡出土死亡人帳は紙背に残っていた何かの付着痕跡で接続を確定）。

(3) 紙の色・形状・質で合わせる

紙の残りが良ければ、漆と同様に紙の表面観察も重要な情報を提供する。皺、折れ目、漉き目状の筋などが手がかりとなる例もある。

(4) 円弧を目安に合わせる

容器の縁辺部を持つ断片は、円周上にしか置けないはずである。文字の天地がわかれば、その断片の位置は確定する。他の断片も推定円の中にしか置けない。

(5) 折り目で合わせる

断片に、廃棄した時点での折り目があれば、その折り目は、他の断片の折り目の延長にしか置けない。また、折り目のない断片は、折り目の延長には置けない。複数回折っているものであれば、山折り・谷折りが逆転し、また、折り目の角度が変わるので注意を要する（秋田城跡出土第一三号文書）。

出土第九号文書）。

ただし、本来同一の個体が切断された後、別々に折りたたまれて廃棄された例もあるので、注意を要する（秋田城跡出土第九号文書）。

（6）行・界線で合わせる

行取りが整っていれば、各行は行間の幅の整数倍の位置にしか置けない。また、文字の天地が確定すれば上下の方向も定まる。同様に、界線がある場合、界線は界幅の整数倍の位置にしか置けない（秋田城跡出土第一三号文書・山王遺跡出土多賀城市教育委員会第一号文書）。表裏に文字があるものについては、両面の行間を矛盾なく合わせなければならない。

ただし、別の紙にあった墨痕が、斜めに転写される例もあるので、注意を要する（秋田城跡出土第九号文書）。

（7）紙端の観察

稀に、元の紙の端が残っていることがある（胆沢城跡第一二号文書）。この場合も、紙端同士は互いに延長上にしか置けないのに加え、全ての断片について、上限、下限、左限、または右限が確定する。

三　展　開

折りたたまれた断片は展開作業を行うことにより、内側に隠れた部分を観察することができる。しかし、これは資料の破損の危険があるので、さまざまな注意が必要である。

（1）記　録

展開作業前に、写真、図などによって記録を残す必要がある。展開作業自体をビデオなどで記録することもある。

（2）資料の状況の観察

展開しても紙としての形を保てるか、折れ目で開くことは可能か、切断しても互いに漆で固着していないかなどを見極める必要がある。漆付着面同士を内側にして折りたたまれた場合は、展開はまず不可能である。逆の場合でも、オモテ面に部分的に漆が付着していたような場合、展開できない可能性もある。

（3）断片の位置の確定

展開する断片以外の、分離した断片も、展開する前に最終的にどこに接続するのかなどを推定しておく必要がある。これらの断片の形状は、折りたたまれた状態から分離したはずであるから、断片の折れ目、皺などは、折りたたまれた本体の形に規制されている。また、文字の方向は、折りたたまれた方向、回数により向きを変えるので注意を要する。

（4）模型の作製

展開する前に、展開後の形状を推定し、紙で模型を作り、シミュレーションをしておくと便利である。模型を、予定した展開作業と逆の順番で折りたたみ、実際の資料と同じ形状になるかどうかなどを確認しておくと、間違いを防げる。また、この模型は、展開してバラバラになった断片相互の位置関係を確認するのにも役立つ。

また、複数個体の紙を重ねて折りたたんだ例もあるので（新潟県門新遺跡出土文書）、この場合も模型を作って、各断片がどの個体に帰属するのかを検討してからでないと、展開するのは避けるべきである。

(5) 展　開

展開する前に、紙と紙の間に詰まった砂などを落としておく必要がある。ただし、その際に紙の繊維を傷めないように留意する必要がある。

展開に際しては、「切る」より「折る」方がよい。この作業は空気中で行わず、水中で行った方がよい。紙が柔らかくなる、力が均等にかかる、破片が飛び散っても水中で確保できる、などの利点がある。指やピンセットなどで開くより、幅の広い篦などを紙の間に挿入し、力が均等にかかるように開いた方が、破片が細分化しない。

(6) 展開後の復原

展開した後でも、元の折りたたまれた状態に戻せるようにしなければならない。この点でも、模型を作成しておくのは必要な作業である。展開過程を逆にたどることは、則ち廃棄の過程を追うことにもなる。

四　文字などの観察

釈文を立てる以前に、文字などの情報について観察しておくべきことがらを記す。個々の項目については、図2の「漆紙文書調査カード」の項目を参照されたい。

(1) 法量などの計測

文字の大きさ、行間、行数などを計測する。文書の性格により行間が変わる場合がある。行間が乱れている場合は注意を要する。追記（兵庫県豆腐町遺跡出土文書）であったり、継目裏書（秋田城跡出土第九号文書）であったりすること

漆紙文書調査カード

No.	出土遺跡：	
調査主体：	所在地：	
調査次数：	地区名：	出土年次：　年
出土遺構：	遺構番号：	遺構の年代：
史料名：		資料番号
表裏：オモテ面・漆付着面・不明・その他	漆種類：生漆・クロメ漆・不明・その他	
容器：曲物（現存・推定）・坏状土器（現存・推定）・不明・その他		
現存法量：縦（長径）　cm×横（短径）　cm		復元直径：　cm
紙数：　紙	継目幅：　cm	折畳：　重
紙継の目的：文書の作成・文書の貼継・蓋紙としての使用・不明・その他		
継目裏書：		
首題又は書出：		
尾題又は書止：		
宛所：	年月日：	差出：
界線：有（墨・折・押・その他　／縦・横・不明・その他　）・無		
界幅：　cm	界高：　cm	紙背：有（　）・無・不明
行数：　行	行間：　cm	
字の大きさ：本文　cm 四方・細字　cm 四方		
印影：有「　」・無	朱書・合点等：有（　）・無	
参考文献		
備考		

図2　漆紙文書調査カード

がある。追記のほか、書き込み・訂正・合点などの有無により、清書か下書かなどを推定することができる。

(2) 界線の観察

界線の有無を確認し、界幅を計測する。文書の性質がこれにより絞れる場合がある。広いものは、細字双行を前提としている可能性がある。折界、押界なども想定すべきである。

(3) 折り目の観察

漆蓋紙としての最終廃棄時の折り目だけではなく、折界や、書状を巻きたたんだときの折り目など、文書として機能していたときの情報が含まれている可能性がある。

(4) 継目の観察

文字を書く前に巻子に作ったときの継目、受信した文書を連貼したときの継目、蓋紙に使用したときに曲物の直径に対して紙の天地が不足したときに継ぎ足した際の継目の三種類が想定できるので、これを区別する必要がある。第一、第二の場合は、継目裏書の存在が予想できる。継目裏書により、断片に過ぎなくても文書名を推定することができる。

(5) 紙背の観察

漆蓋紙は、反古紙の最終利用形態であるから、紙背文書の存在は常に念頭において観察しなければならない。どちらが一次利用であるかの検討も重要である。

紙背は、通常の赤外線カメラによる観察では見えなくても、水に濡らすと透けて鏡文字で見えてくることがある（平城京跡第五号文書（口絵2参照）、多賀城跡第九六号文書など）。筆・霧吹きなどを用いて濡らすことが多いが、紙の残りが良い場合は、半日程度水に浸けておいて初めて見えてくることもある（山王遺跡多賀城市教育委員会第四号文書）。

（6）印・顔料などの存否

基本的に顔料は赤外線に反応しないはずなので、肉眼、実体顕微鏡などにより観察する必要がある（朱圏点については鹿の子C遺跡第一七四号文書、印については、古尾谷知浩「漆紙文書における印影検出の可能性」〈『国立歴史民俗博物館研究報告』七九、一九九九年〉を参照）。

（7）再度、各行の復元

界線、行間、内容を見た上で、再度行を復元することができる。内容、様式の観点から位置関係を推定しなければならない。例えば、具注暦であれば日付の順で左右の行の順が、日付、干支、納音、十二直などの暦注で上下の段が確定でき（平城京跡、奈良市教育委員会第五一三次調査出土文書）、籍帳様の文書の場合であれば、人名が上、年齢区分が下、などの位置関係が確定できる（山王遺跡多賀城市教育委員会第一号文書）。

（8）その他

その他、留意すべき項目として、封、自署など、通常の紙の文書の観察において必要な項目が挙げられる。また、書体（楷書か、行書か）、数字記載（大数字か否か）の観察により、清書か下書きかなどを推定することができる。

五　釈文の確定

形態的な観察の後、釈文を確定することになるが、この点においては通常の文書の検討と何ら変わるところはない。以下、漆紙文書の釈文作成につき、特に留意する点を記す。

（1）字配り

漆紙文書は、断片化されていたり、折りたたまれていたりするので、字の高さなど、字配りには注意が必要である。

（2）紙背文書の釈文

紙背文書を反対の面から観察すると、行の順が左右逆に見えることになる。しばしば、行を逆順にしたまま報告している例があるので、注意が必要である。

（3）釈文表記のしかた

一つの例として、本書第III部「漆紙文書釈文集成」の凡例を参照。この凡例で資料から取れる情報をすべて表記できるとは限らないので、単一の基準にこだわる必要はないが、番号の付け方（文書を基準に一点とするか、蓋紙を基準に一点とするか、直接つながらない断片にそれぞれ別番号を与えるか、枝番とするか、など）、漆付着面とオモテ面の区別の仕方（個々の断片を枝番にするなら、ａｂで区別した方がよい）などは統一しておいた方が誤解がない。

六　内　容

釈文確定後、内容を検討することになるが、この点も通常の文書の検討と何ら変わるところはない。ただし、漆工房で使用する場合には、一枚物の文書より、巻子の方が便利であると想像され、漆紙文書特有の条件もある。

（1）籍　帳

特に計帳歴名およびそれから派生した歴名様文書は、毎年膨大な量が廃棄されるはずであり、漆工房に払い下げられる頻度が高いと想像される。

（2）具注暦

これも毎年大量の写本が作成され、翌年度には不要になり廃棄されるはずの巻子である。通常の文書は、作成されてから、一定期間保管され、その後払い下げられるので、作成年と、出土遺構の年代には開きがでる可能性がある。しかし、具注暦は保管期間をほとんど考慮しなくても良いため、漆工房で廃棄された年代、ひいては遺構、遺跡の年代を推定する上で重要な手がかりとなりうる。そのためにも、具注暦の年代決定の手順を押さえておく必要がある。

（3）典籍など

これは原則的に廃棄されにくい巻子である。しかし、政策的な理由で、特定の時点で、特定の典籍が、各地でほぼ一斉に廃棄される可能性があり、年代決定などの手がかりとなりうる（山王遺跡出土『古文孝経』、胆沢城跡出土『古文孝経』）。

（4）類例との比較

漆紙文書は、断片に過ぎないので、本来あったはずの全体のうち、どの部分になるのかを検討する必要がある。その場合、正倉院に残る文書や、令規定や延喜式規定からうかがえる文書の書式との比較検討が重要である。記載内容だけではなく、前項で指摘した法量・界線などの情報も比較要素となる。

七　年代の判定

（1）具注暦

暦注の配列により、年代を判定する。月朔干支が判れば、ほぼ選択肢は絞り込める。内田正男編『日本暦日原典』（雄山閣、一九七八年）、湯浅吉美編『日本暦日便覧』（汲古書院、一九八八〜九〇年）、大谷光男他編『日本暦日総覧』（本の友社、一九九二〜九五年）などを参照。

（2）行政単位名

年代によって改正される地方行政機構の編成によって判定する。

（3）年齢区分

戸籍・計帳歴名などには年齢区分が記される。これも年代によって改正されるので、年代推定の手がかりとなる。

八　伴出遺物

漆工関係遺物や伴出木簡などにより、漆工房の性格を検討する。

文書の軸（題籤軸、棒状の軸）が伴出していないかどうか確認する。巻子装の反古紙は、軸と一緒に払い下げられることになるが、反古紙を使いつくした後は、軸も同じ所に廃棄される可能性が高い。なお、題籤軸は、動かない状態で文書を管理する際に用いられる可能性が高く、棒状の軸は、動く文書に用いられる可能性が高い。

九　保　管

漆紙文書は、漆の作用により強固に保護されてきたものであるから、原則的には、木簡などのような脆弱な資料よりも緩い条件で保存することができる。しかし、実際は、紙自体ではほとんど形を成しておらず、漆の層の中にわずかに紙の繊維が残っているという状態の資料もある。また、紙の繊維の間に漆があまりしみこんでいないような場合は、乾燥状態で紙の繊維と漆膜が分離し、バラバラになる可能性がある資料があり、注意を要する。

また、紫外線が当たると、墨痕が薄れるだけではなく、漆自体ももろくするので、光が当たることはできるだけ避けなければならない。

なお、保存処理については、三ツ井朋子「西部遺跡出土漆紙の調査・保存処理方法について」（(財）新潟県埋蔵文化財調査事業団『西部遺跡二』二〇一〇年）を参照。

第II部　漆紙文書にみる律令国家

第一章　漆紙文書にみる民衆支配

——死亡人の把握をめぐって——

はじめに

戸籍・計帳、とりわけ計帳についての研究史は膨大な蓄積があるが、現段階の研究を考える上での出発点として、鎌田元一の業績を挙げることは許されるであろう。[1] 鎌田は、手実・歴名・目録という、広義で計帳とされるものの種別を厳密に押さえた上で、歴名の京進・非京進の問題を議論した。以後、京進問題の論点について論争が展開されることになるが、[2] そのほかの論点として、勘会制の中で計帳を位置づける研究があり、[3] また、正倉院文書研究の深化により、作成過程を詳細に復元する研究が進展した。[4] これに加え、出土文字資料である漆紙文書の中の籍帳関係文書と照らし合わせた研究も行われているが、[5] 近年、漆紙文書の出土事例が増加し、[6] 改めて正倉院文書と合わせて総合的に理解することが課題として浮かんでくる。

そこで、本章では、漆紙文書中の籍帳関係文書を検討し、従来研究が蓄積されている正倉院文書中の籍帳との関係を明らかにする作業を行いたい。その際、中心的に取り上げる論点として、死亡人の扱いについて注目する。前年度計帳をもとに当年度の計帳を作成する際に、一年間の異動を把握する必要があるが、その間の事情が最も端的に現れるのが死亡人であるためである。

一　法制史料にみる戸籍・計帳の作成過程——死亡人の把握を中心に

本節では、周知のことに属するが、法制史料から判明する籍帳の作成過程を整理し、死亡人の取り扱いを検討する。

まず、養老令（以下同じ）戸令18造計帳条によれば、計帳は、毎年六月三〇日以前に京国官司が所部の手実を徴収し、それに基づいて式によって帳を作り、八月三〇日以前に太政官に申送することになっていた。なお、計帳の諸段階について整理しておくならば、手実は各戸から徴収した申告書（あるいはそれを清書したもの）、歴名は、手実に基づいて作成された、各戸の構成員名を列記した帳簿で、統計部・歴名部・別項部からなるもの、目録は、「大帳」とも呼ばれる統計文書で、これが狭義の計帳になる。

計帳作成は、調庸の納入手続と連動している。賦役令5計帳条によれば、京進された計帳（大帳）は、直ちに民部省に付され、主計寮で庸の額が計算され、衛士・仕丁・采女のほか、役民に支給する食料として差配し、九月三〇日以前に太政官に報告することになっていた。また、諸国からの調庸納入については、賦役令3調庸物条によれば、八月中旬に輸納を開始し、近国は一〇月三〇日以前、中国は一一月三〇日以前、遠国は一二月三〇日以前に納入し終わる規定であった（ただし、調糸は七月三〇日以前）。同条には「若調庸未レ発二本国一間、有二身死一者、其物却還。」とあり、貢調使などが出発する前に死亡した者の調庸については、返却する定めであった。なお、令意では、調庸が本国を発つ前の死亡人が対象であるが、『令集解』当該条古記・令釈・『令義解』は、調庸納入期限から所定の行程日数を遡った時点以前としている。戸令との整合性でいえば、必然的に大帳作成以後の死亡人の取り扱いが問題となるが、古記所引請事・令釈所引起請は、調帳を作成した後の死者は、別紙にて報告するとしている。

一方、一般に、課口などが死亡した場合は、賦役令13口及給侍条に、「凡課口及給レ侍老疾人死者、限二十日内一、里長与二死家一、注二死時日月一、経二国郡司一、印記。」とあり、死後一〇日以内に国郡司に報告する規定である。なお、課口など以外の死亡人については、『令集解』当該条古記・令釈・『令義解』によれば、告朔時または計帳作成時に申告することになっていた。

戸籍については、戸令19造戸籍条によれば、六年に一度作ることになっており、一一月上旬に式によって作り始め、三通作成の上、五月三〇日以前に太政官に二通申送し、一通は国に留めることになっていた。

次に、延喜式制を見ておこう。主計寮式には、「大帳式」が掲載されているが、ここで、前年度計帳との異動を記した項目の中に、死亡人の数が計上されている。なお、この大帳式は、『続日本紀』養老元年（霊亀三、七一七）五月辛酉条に「以㆓大計帳・四季帳・六年見丁帳・青苗簿・輸租帳等式㆒、頒㆓下於七道諸国㆒。」とあるうちの、「大計帳」にあたると考えられている。このほか、主計寮式勘大帳条によれば、「去年大帳後死帳」と「今年死亡帳」とを照合する規定があり、また、諸国大帳後死条によれば、大帳後死と年中死とを比較して、大帳後死の人数が不当に多い場合には、超過分の死者の調庸を徴収することになっていた。以上のことから、京進されるべき死亡人関係の帳簿として、「大帳後死帳」と「死亡帳」が存在したことがわかる。「大帳後死帳」は、先述の大帳作成以後の死亡人を記録した帳簿にあたり、「死亡帳」は、一年間の死者のみを抜き出した帳簿ということになる。なお、『政事要略』五六交替雑事、大帳枝文の中には、「死亡帳」や「逃亡帳」がみえている。

以上、法制史料にみえる籍帳作成過程と死亡人の取り扱いを整理したが、次いで、実際の文書について検討してみたい。

二　正倉院伝来籍帳類の分析

本節では、正倉院文書の中の計帳について、先学の成果を総合しながら概観し、特に死亡人記載に着目して分析する。死亡人記載も含め、計帳作成過程の研究において論じられてきたものに、近江国志何郡古市郷計帳と天平四年（七三二）山背国愛宕郡計帳があるが、まずは、神亀三年（七二六）山背国愛宕郡出雲郷雲上里・雲下里計帳（正倉院古文書正集一一・一二、以下、正集一一などと略称）などから、一般的な京進歴名のあり方を整理しておく。

完成した計帳歴名は、統計部・歴名部・別項部からなるが、計帳作成前一年間の死亡人は、別項部に「名前＋死亡年月（日）」という形で記載される。この人数は、統計部に「帳後破除」として計上される。一方、歴名部に死亡人の記載がないことから、歴名からは外されていることがわかる。以上のような一般的な計帳歴名における処理を踏まえて、次に近江国志何郡古市郷計帳（続修九）を検討する。

この文書については、神亀元（七二四）・二年、天平元（七二九）・二・三・四・五・六・一四年の分が残っており、岸俊男、平川南らによってすでに検討されている。[7] その成果によれば、これは、「手実」を自称し、統計部・別項部を持たない書式であるが、大友但波史吉備麻呂の所属する戸の分を抜き出したものである。捺印はない。これは、前年の手実に一年間の修正を加え、年齢を一歳加算して転写し、当年度の手実を作ったものであるが、名前の誤字が訂正されずに転写を重ねている場合もみられる。従って、「手実」を自称するものの、各戸から提出されたものではなく、郡で作成されたものかと推定される。

死亡人の扱いは、天平一四年分のものからうかがえる。「手実」作成後一年間の死亡者について、個人名の上に丸印が付され、下に「死天平十五年二月十一日」と死亡年月日が記載される。この情報が、翌年の計帳（手実）に反映されたものと思われる。

次いで、天平四年（七三二）山背国愛宕郡計帳（続修一〇・一一・一二他）を検討する。この文書は、すでに彌永貞三、樋口知志、鷺森浩幸、渡辺晃宏らによって詳細に研究されているが、[8] 次節において出土籍帳類との関係を考察する必要から、先学による成果を整理しながら死亡人の扱いについて検討しておきたい。

この文書には、捺印がなく、加筆・訂正も甚だしいので、京進歴名ではない。天平四年計帳歴名に、その後一年分の異動を注記し、天平五年計帳歴名の草に転用したものである。その注記の中には死亡人の記載も含まれるが、その注記には、墨と朱のものがあり、計四種の筆跡からなっている（以下、墨1、朱4などの区別は、彌永貞三の分類に従い、宮内庁正倉院事務所編『正倉院古文書影印集成五　続修巻一～二五』〈八木書店、一九九二年〉における観察所見に基づいて修正した）。死亡注記には重ね書きがあり、複数の照合過程があったことを推定できる。

さて、死亡者の注記を詳細に検討すると、死亡日付のある者（a秦人広幡石足戸婢大売〈『大日本古文書』（編年文書）第一巻五一六頁〉、b秦人広幡東人戸口奈癸私造川見売〈同五一八頁〉、c葛野大連瓺麻呂戸口桜連真刀自売〈同五三一頁〉、d同戸口桜連吉備麻呂〈同〉、e同戸口神直枚売〈同〉の五名）とない者（六名）がある。日付のあるものの書き入れを抽出すると、以下の通りである。

	（名の上）	（名の下）
a	「死」（墨2）「了」（朱4）	「死五年五月十日死」（朱と墨を混ぜた色）
b	「死」（朱4）	「天平四年九月廿日」（朱）
c	「死」（墨1の上に朱4を重書）	「天平五年五月卅日死」（墨）
d	「死」（墨1の上に朱4を重書）	「天平五年六月三日死」（墨）
e	「死」（墨1の上に朱4を重書）	「天平五年六月五日死」（墨）

これらを整理すると、前年九月死亡者には、朱4のみが記入されており、当年五・六月死亡者には、墨1または墨2と朱4が二重に書き込まれていることがわかる。また、墨1の場合と墨2の場合で手順が異なることもわかる。こうしたことから、死亡月により扱いが異なることが推定できるが、この問題については後述する。

さて、以上の事例から、毎年の計帳作成においては、前年度計帳歴名の控えに、一年間分の死亡者を含む異動について注記し、これに基づいて、次年度計帳では、歴名部から死亡者を除外し、別項部に記載し、統計部に計上する、という手順を推定できる。

次いで、計帳以外の籍帳関係文書における死亡人の扱いについて整理しておく。正倉院には、二通の「戸口損益帳」と仮称される文書が残されている。そのうちの一つ、和銅元年（七〇八）陸奥国戸口損益帳（正集二六）[9]は、大宝二年（七〇二）籍以降、次の籍年である和銅元年までの、毎年の計帳別項部を集成したものである。前回作成した戸籍との異動を照合するための文書であると推定できる。記載は戸ごとに分けられている。戸内の配列は男女順であり、御野型戸籍に近い。死亡人の扱いは、当該の人名の下に死亡年のみを注記している。

また、天平五年（七三三）右京戸口損益帳（続々修一九―七裏）も、神亀四年（七二七）籍以降、次の籍年である天平五年までの、毎年の計帳別項部を集成したものである。ただし、様式は異なっており、記載は異動事由ごと（「死亡」「割往（附）」「析生」「割来」）に配列されている。死亡者については、人名の下に死亡年のみを注記する。

以上の事例から判断して、六年ごとの戸籍作成においては、その間の計帳の別項部に基づいて各年度の異動を抽出し、それを戸口損益帳の形にまとめ、前回の戸籍と照合して、死亡者を削除するなどした新戸籍を作成するという手順を推定することができる。奈良時代の戸籍には、死亡人の記載はないが、これは毎年の計帳および戸口損益帳で把握できるため、戸籍には必須ではなかったと推定できる。しかし、延暦四年（七八五）以降のものと推定される常陸国戸籍をはじめ、平安時代の戸籍には「死闕」の歴名がある。計帳や戸口損益帳との照合が機能しなくなったことと対応する可能性がある。

なお、本節の最後に、正倉院文書ではなく、時代も降り、戸籍や計帳そのものではないが、保安元年（一一二〇）摂津国調帳案[10]を取り上げ、大帳後死の取り扱いについて付言したい。この文書は、一二世紀のものであって、過去の遺制として儀礼的に作成した文書である。しかし、様式上は奈良時代に遡ると考えられ、本来の調帳の姿を知るためには重要なものである。これをみると、郡ごとに、調賦課の基準となる「大帳定課丁」の数を記した後、「大帳後死丁」数を控除し、調銭免除額の項目が計上されている。大帳後死帳の情報は調帳に反映されることになっていることがわかる。

三　出土文字資料の中の籍帳類

本節では、漆紙文書を中心とした出土文字資料のうち、戸籍、計帳に類似する文書について検討する。籍帳類は、伝世計帳も含め、本書第Ⅱ部付章表1の通りであるが、[11]歴名様の記載を持つものをすべて採録しており、籍帳そのものではないものも含んでいる。まずは、計帳と判断できるものにつき、全体を概観しておく。

出土計帳には、都城遺跡出土のものと地方官衙遺跡出土のものがある。まず、都城出土漆紙文書をみると、京進計帳と推定できるものがあることがわかる。これは、計帳歴名が京進されたかどうかという議論を考えるための重要な材料となりうる。

一方、地方官衙遺跡出土漆紙文書をみると、さまざまな段階の計帳があることがわかる。大帳案およびそれから派生したと思われる統計文書や、国府保管用浄書本の計帳歴名・計帳歴名の草または写しがある。ただし、多くの歴名文書については、計帳歴名の草段階のものか、計帳歴名から派生した帳簿か、判別が困難な場合が多く、慎重に検討する必要がある。[12]

次に、出土漆紙文書の中で死亡人に関するものがあるので、これについて検討する。

秋田城跡出土第一六号漆紙文書は、人名の下に年齢と年齢区分を細字双行で記し、さらにその下に死亡年月日を付したものを、二段書きにて列記している文書である。年齢・日付の数字は大字ではない一般の数字を用いる。記載は戸ごとにまとめられている。死亡年月日は「去年九月七日死」から「今年六月十三日死」までわたっており、計帳作成の日程に合致している。修正・抹消があるので、浄書本ではなく、出羽国府における草であろう。特に、「去年十一月三日死」は「死」を抹消しており、死亡の事実自体を削除している。

本文書は、死亡申告書の記載を出羽国府で統合したもの、または、前年度計帳歴名への書き込みか、当年度計帳歴名の別項部から死者名・死亡年月日を抜き出したものと推定できる。さらに、複数の資料を照合の上、修正したものであろう。ただし、もし仮に歴名への書き込みのあり方が、天平四年山背国愛宕郡計帳と同じだったとすると、これには死亡年月日を記していない場合があるため、これから転記して年月日を有する死亡帳を作成することはできないということになる。従って、死亡申告書の記載を出羽国府で統合したものである可能性が高い。

長岡宮跡東辺官衙出土漆紙文書も、人名、年齢と年齢区分を同一の行に記し、その下に右寄せで死亡年月日を付したものを列記している文書である。年齢、日付の数字は大字ではない。死亡年は延暦九年（七九〇）のもので、日付のわかるものは六月に限られる。これは計帳手実提出期限直前に当たるので、死亡の申告は手実提出時点に偏っていると考えられる。楷書で丁寧に書かれており、京進された死亡帳と推定できる。

このほか、死亡人に関わる帳簿の存在が、袮布ヶ森遺跡出土木簡（題籤軸）[13]から知られる。平安時代の但馬国府と推定される袮布ヶ森遺跡からは、多数の題籤軸が出土しているが、その中に、「朝来郡／死逃帳／天長三□（右側面）／□長三年（左側面）」（天長三年＝八二六）と記したものと、「×方郡帳／七年死者」と記したものが含まれている。国府において、年単位、郡単位で死亡人・逃亡人を管理した帳簿であり、計帳作成に関連するものである。

ここで、「死逃帳」の具体的な姿について検討してみたい。結論から先に述べると、各戸の死亡人・逃亡人について、郡から逐次または月ごとに進上された申告書を、国府で貼り継いだものと推定できる。そのように考える理由は次の通りである。第一に、題籤軸は、運搬すると題籤の部分で折れやすいので、一般的に軸装のまま移動しないのが普通である[14]。つまり、巻子の状態で郡から進上されたものではない。従って、郡から個別に報告された文書を国府で貼り継いで保管したものか、国府で郡単位に作成した帳簿かのいずれかの可能性が高い。第二に、死と逃が混在していることから考えて、計帳歴名からの抜き書きではない。なぜなら、死亡人と逃亡人の計帳作成後の処理は別であり、同一の帳簿に整理する必然性はない。また、同一遺跡から出土した題籤軸に、単なる「死帳」も存在していることから、但馬国府で死亡人と逃亡人を合わせた帳簿を作成した可能性は低い。従って、完成した計帳歴名から死亡人と逃亡人を国府で抜き書きしたものではなく、郡から進上された死亡人・逃亡人の申告書を国府で貼り継いだものと推定できるのである。

以上、死亡人に関する帳簿を出土文字資料から検討した。その結果、郡から国に進上された死亡人の申告書、これを国府で統合したもの（或いは計帳歴名への書き込みか別項部から死亡人記載を抜き出した帳簿）、それを浄書して京進した帳簿の三種が存在することが確認できた。

四　国府における死亡人の管理

本節では、これまでの検討を踏まえ、計帳作成過程における死亡人の把握の仕方と、それに伴って生成する帳簿について整理する。

令制では、課口および侍を支給される老・疾の人が死亡した場合は、一〇日以内に里長が死亡者の出た家とともに死亡月日を記し、国郡司に申告する規定であった。それ以外の死者があった場合、告朔または、計帳作成時（手実提出時）に申告することになっていた。大帳を作成した後、調庸を京進するために本国を出発する以前の死者については、徴収した調庸は返還する定めであった。令意では、調庸が本国を発つ時点が、返還の場合の期限であるが、『令集解』古記・令釈・『令義解』は京における調庸納入期限から所定の行程日数を遡った時点を期限とする。また、『令集解』古記所引請事・令釈所引起請では、調帳を作成した後の死者は、別紙にて報告することになっていた。ということは、大帳作成後、調帳作成までに把握された死亡人は、調帳に反映されていたということになる。実際、「摂津国調帳案」をみると「大帳後死丁」を計上する項目が存在する。

次いで、『延喜式』をみると「今年死亡帳」なる京進文書があったことがわかり、当年度計帳作成時点までの一年間の死者についての帳簿とみられる。これは、大帳や、前年度計帳作成後から調庸納入までの死者についての帳簿である

「去年大帳後死帳」と照合されることになっていた。

一方、出土文字資料の中の死亡人に関する帳簿をみると、死亡人について郡から国へ逐次に申告した文書を国府で貼り継いで保管した帳簿、これを国府で統合したもの（或いは計帳歴名への注記か別項から死者を抜き出した死亡帳）、これを浄書して京進した死亡帳が存在したことがわかる。前二者は、照合の上、修正作業が行われた形跡もある。

さて、上記のような死亡人の把握がなされていたことを踏まえ、天平四年（七三二）山背国愛宕郡計帳の天平五年における書き入れにみる死亡人について再度検討してみよう。

まず、死亡日付のある者は、前年九月の者と、当年五・六月の者がある。前者は「去年大帳後死帳」に登載されていたはずであり、後者は当年の手実に記載されていた可能性が高い。逆に、それ以外の死亡日付のない者は、一般的な処理がなされたと考えられるが、日付が書いていないからといって、死亡年月日が不明のはずはない。なぜなら、それは翌年度の計帳作成のために必要なデータだからである。一般的処理の中で死亡年月日のデータが手元にあったから記入することが不要であったと推定することが可能である。すなわち、「大帳後死帳」作成よりも後に死亡した者については、死亡後一〇日以内の申告書または告朔時点での申告書によって把握したのであろう。

なお、複数の「死」字が書き入れられていることからすると、複数の帳簿による照合がなされていたということになる。日付のない一般的な死亡注記は「死」のみであり、逐次・告朔時申告書に基づいて注記したのであろう。また、「去年大帳後死帳」登載者の注記は、朱の「死」「天平四年九月廿日」のみであり、基づいた帳簿は一種だけで、逐次・告朔時申告書は参照していない。すなわち、「大帳後死帳」を作成した後は、逐次・告朔時申告書は不要であったということになる。これに対し、当年手実に死亡記載のある者の注記は、朱と墨で二重になされている。これは、手実と別文書、恐らく逐次申告書とを照合している可能性を示している。

五　正税出挙と死亡人

本節では、計帳および死亡人についての情報の利用のあり方についてさらに検討する。これらの情報は、調庸徴収のためだけに用いられるわけではなく、正税出挙にも利用された。

『類聚三代格』一四出挙事、大同三年（八〇八）九月二六日太政官符は、正税出挙の徴収を厳正に行うことを命じたもので、内容自体は奈良時代に遡ることがらを含んでいる。その中に、「凡出二挙正税一者、捴二計国内課丁一、量二其貧富一、出二挙百束以下十束已上一、依レ差普挙。」と記されているが、これは計帳のデータが正税出挙に利用されたことを端的にものがたる。さらに、「或負死者、令二国司審察一、依レ実免除」とあり、借受人死亡の際は、返還を免除することになっていたことがわかる。これは死亡帳のデータに基づくことになる。

このことに関連して作成された帳簿として、天平一一年（七三九）備中国大税負死亡人帳（正倉院古文書正集三五）が残っている。これは、死亡に伴う返還免除者を列記したもので、国単位で一巻とし、国・郡・郷ごとに人数を集計している。書式は、

　某里戸主某口某若干束［穎若干束／穀若干斛］天平十一年某月某日死

となっており、死亡年月日が明記されている。日付をみると、天平一一年三月一〇日から一一月一二日までのものがあり、春出挙を貸し付けた後の死亡人から、「大帳後死帳」に登載されたはずの者までを含んでいる。ちなみに、『令集解』古記所引民部式では備中は中国であり、貢調期限は一一月三〇日である。また、『延喜式』によれば京への行程は上九日下五日、海路一二日である。「大帳後死帳」の対象とする期間は、『延喜式』では一〇月末までとされているが、行程を基準とするなら一一月前半も含みうる。

大税負死亡人帳における死亡人の把握は、計帳に関わる「死亡帳」および「大帳後死帳」に基づくと推定できる。当然、これらを利用する前提として、貸付時に借受人名簿として計帳歴名を利用することが必要となる。

このように、正税出挙関係業務には、計帳や死亡帳のデータが利用されていたことがわかるが、これをうかがわせる文書が漆紙文書の中にある。

多賀城跡第九六号漆紙文書は、一次利用面が計帳歴名様文書で、二次利用面が出挙関係文書である。同様に、多賀城市山王遺跡第四号文書（多賀城市教育委員会調査）も、一次利用面が計帳歴名様文書で、二次利用面が出挙関係文書である。一次利用の計帳歴名様文書が、完全に機能を失った単なる反古紙として出挙関係部署に払い下げられ、そこで出挙関係文書が紙背に書かれたという可能性も皆無ではないが、前述の背景を考慮するなら、計帳歴名の写しが、出挙関係部署にとって必要なデータとして伝達され、そこでしばらく有効な文書（出挙借受人名簿の基礎）として機能した後、不要となって紙背を再利用された可能性が高い。このほか、秋田城跡第二号文書は、詳細は不明であるものの、死亡や逃走についての統計記載を持つ文書の紙背に出挙関係文書が記されており、同様の背景が推定できる。

また、栃木県下野国府跡出土第一三・一五・一六号漆紙文書は、正税出挙の進上を約した解文であるが、借受人の歴名は計帳に類似している。統計部・続柄はないものの、人名と年齢を列記し、戸主の注記もなされている。借受人名簿は計帳歴名のデータに基づいていたことが推測できる。また、秋田城跡出土第二号文書・第一三号文書は、出挙貸し付けに関する歴名文書であるが、戸主名記載があることから、戸を単位としていることがわかり、これも計帳歴名に基づいた貸し付け管理ということができる。

以上のことから、計帳歴名様文書および死亡帳などが、計帳関係部署（平安時代にみえる「大帳所」「計帳所」）から、正税出挙関係部署（「税所」）に回されて、そこで借受人名簿の基礎として機能したことがうかがえる。国府の部署間で計帳のデータ・死亡帳のデータを共有して、行政事務を遂行していたのである。

おわりに

以上、煩瑣にわたったので、最後に計帳作成過程をまとめておきたい。国府には、前年度計帳歴名が控えとして保管されていたが、当年度の計帳歴名作成には、これが利用されることになる。死亡人の処理についていえば、去年大帳後死帳、郡から報告された逐次・告朔時死亡申告書、当年度手実における死者の記載などにより死亡人を把握し、前年度計帳歴名にその旨を注記する。この注記を踏まえ、当年度分として、歴名部から死亡人を外し、別項部に記載し、統計部に計上し、現存者について歴名部の年齢を一歳加え、全体の配列を整序して、新しい計帳歴名を作成することになる。この統計部の数値を基に、計帳目録で一国全体の死者数が算定される。

また、死亡申告書、前年度計帳歴名への死亡注記、または別項部における死亡人の記載に基づいて、当年度の死亡帳が作られる。死亡帳、(去年)大帳後死帳は京進され、計帳目録（大帳）と照合される。また、大帳後死のデータは調帳に反映され、調庸の勘会に際しては、当年度大帳後死帳に基づいて返還分の額が確認されたはずである。

一方、国では、計帳歴名や、死亡帳のデータが正税出挙関係の部署に回され、出挙事務に利用された。

このように、毎年の業務が行われていくが、六年に一度の戸籍作成に際しては、前回戸籍作成以後の、死亡人を含む異動を集約して戸口損益帳が作成され、照合に備えられることになる。

本章は、主として出土文字資料中の籍帳類の検討を踏まえた事務手続の復元作業に終始してしまったが、その背後には、法規定およびこれに基づいて編成された戸という支配の枠組みと、不断に変化し続ける現実の社会との緊張関係という問題が横たわっている。変化する社会は籍帳から乖離していくが、律令国家は毎年の計帳作成事務を通じて現実と帳簿を照合し、修正しようとする。その過程でさまざまな文書が派生することになる。そうした作業を繰り返しながらも、最終的に籍帳制は機能しなくなるのであるが、いわゆる個別人身支配の実態を検討するためにも、今後も出土事例が増加するであろう地方官衙で作成・保管された文書も含め、総合的に考察する必要がある。

註

（1）鎌田元一「計帳制度試論」（『律令公民制の研究』塙書房、二〇〇一年、初発表一九七二年）
（2）研究史整理は杉本一樹「「計帳歴名」の京進について」（『日本古代文書の研究』吉川弘文館、二〇〇一年、初発表一九八五年）を参照。
（3）梅村喬「律令収取制度と大帳勘会について」「勘会制の変質と解由制の展開」（『日本古代財政組織の研究』吉川弘文館、一九八九年）
（4）彌永貞三「山背国愛宕郡計帳について」（『日本古代の政治と史料』高科書店、一九八八年、初発表一九七四年）、樋口知志「所謂「因幡国戸籍」について」（『歴史』六五、一九八五年）、同「律令的地方官衙における計帳の勘造」（『歴史』六八、一九七八年）、鷺森浩幸「八世紀における計帳の作成過程（上）（下）」（『続日本紀研究』二六六・二六七、一九九〇年）、渡辺晃宏「籍帳制の構造」（『日本歴史』五二五、一九九二年）など。
（5）平川南「地方官衙における文書の作成・保存・廃棄――近江国計帳・出土計帳」（『漆紙文書の研究』吉川弘文館、一九八九年）、渡辺晃宏「籍帳制」（『文字と古代日本1　支配と文字』吉川弘文館、二〇〇四年）
（6）本書第III部
（7）岸俊男「但波吉備麻呂の計帳手実をめぐって」（『日本古代籍帳の研究』塙書房、一九七三年、初発表一九六五年）、平川南「地方官衙における文書の作成・保存・廃棄」（前掲註5）
（8）彌永貞三「山背国愛宕郡計帳について」、樋口知志「律令的地方官衙における計帳の勘造」、鷺森浩幸「八世紀における計帳の作成過程（上）（下）」、渡辺晃宏「籍帳制の構造」（すべて前掲註4参照）
（9）岸俊男「いわゆる「陸奥国戸籍」の残簡」（『日本古代籍帳の研究』塙書房、一九七三年、初発表一九五六・一九五八年）
（10）「摂津国調帳案」九条家冊子本『中右記』紙背文書、『平安遺文』補四八号文書
（11）釈文については、本書第III部を参照されたい。
（12）ここでは結論のみを記したが、詳細は付章を参照されたい。
（13）『木簡研究』一八、一九九六年。古尾谷知浩「祢布ヶ森遺跡出土の題籤軸」（『文献史料・物質資料と古代史研究』塙書房、二〇一〇

年、初発表二〇〇三年）

（14）杉本一樹「律令制公文書の基礎的観察」（『日本古代文書の研究』吉川弘文館、二〇〇一年、初発表一九九三年）、同「文書と題籤軸」（『木簡研究』二四、二〇〇二年）

（補註1）本章の初発表後、島根県出雲国府跡から、死亡帳の類例とみられる漆紙文書が出土した。第II部付章を参照。

（補註2）本章の初発表後、関連する論考として、荒井秀規「出土する戸籍資料」（『考古学ジャーナル』六五三、二〇一四年）が公刊された。

付　章　漆紙文書の中の戸籍・計帳類

本章では、漆紙文書を中心とした出土文字資料のうち、戸籍、計帳に類似する文書について個別に検討する。歴名を有する文書を対象とするが、断片的で、得られる情報が少ないものは省略した。第一章においては、事例を列記することを避け、結論のみを記したが、こうした文書について網羅的に検討した研究はこれまで存在しないため、敢えて煩瑣を顧みず列挙することにする。報告書出典については表1「古代籍帳類一覧」を、釈文については、第Ⅲ部を参照されたい。

なお、文書の検討には、年代比定が不可欠であるが、文書の内容から知られる情報のみを記述することにする。伴出遺物は、漆容器蓋紙として廃棄された時期を推定するには役立つが、文書の作成年代を知るためには有効ではない。文書には保管期間があり、払い下げられた後でも蓋紙として再利用されるまでの時間も考慮する必要があるからである。

内容上の根拠として、地方行政機構の表記、年齢区分の表記、避諱などがあるが、古い時期に新しい表記が行われる可能性はないが、特に文書の下書きなどの場合、その逆はあるため、確定的な条件ではなく、あくまで目安として考えておく。

帳類一覧

年齢等の書式	年齢の数字	出　　典
—	—	正集 37
一行書き	大字	正集 11・12
一行書き	大字	続々修 44-4 裏
一行書き	大字	正集 9
一行書き	小字	続修 9 他
一行書き	大字	続修 10・11・12 他
一行書き	大字	続修 13
一行書き	小字	続修 44 裏他
一行書き	小字	正集 29
細字双行	小字	正集 22 他
一行書き	大字	正集 38 他
一行書き	大字	正集 20 他
一行書き	大字	続後 2
一行書き	大字	塵芥 32
一行書き	小字	正集 26
一行書き	小字	続々修 19-7 裏
細字双行	小字	奈良文化財研究所『平城京漆紙文書 1』2005
不明	不明	奈良文化財研究所『平城京漆紙文書 1』2005
細字双行	小字	奈良市教委『奈良市埋蔵文化財調査概要報告書　平成 15 年度』2006
不明	小字	奈良市教委『奈良市埋蔵文化財調査概要報告書　平成 15 年度』2006
細字双行	小字	㈶向日市埋文センター・向日市教委『向日市埋蔵文化財調査報告書』62，2004
一行書き	大字	㈶京都市埋文研究所『長岡京跡』1980
不明	小字	㈶長岡京市埋文センター『年報　平成 12 年度』2002
細字右寄せ	小字	姫路市埋文センター『発掘調査速報展 2009』2009
一行書き	小字	㈶茨城県教育財団『鹿の子 C 遺跡漆紙文書』1983
一行書き	大字	㈶茨城県教育財団『鹿の子 C 遺跡漆紙文書』1983
細字双行	不明	㈶茨城県教育財団『鹿の子 C 遺跡漆紙文書』1983
一行書き	大字	㈶茨城県教育財団『鹿の子 C 遺跡漆紙文書』1983
細字双行か	大字か	㈶茨城県教育財団『鹿の子 C 遺跡漆紙文書』1983
一行書き	大字	㈶茨城県教育財団『鹿の子 C 遺跡漆紙文書』1983
一行書き	大字	㈶茨城県教育財団『鹿の子 C 遺跡漆紙文書』1983
細字右寄せ	小字	㈶茨城県教育財団『鹿の子 C 遺跡漆紙文書』1983
—	—	㈶茨城県教育財団『鹿の子 C 遺跡漆紙文書』1983
一行書き	大字	㈶茨城県教育財団『鹿の子 C 遺跡漆紙文書』1983
—	—	㈶茨城県教育財団『鹿の子 C 遺跡漆紙文書』1983
一行書き	小字	㈶茨城県教育財団『鹿の子 C 遺跡漆紙文書』1983
—	—	㈶茨城県教育財団『鹿の子 C 遺跡漆紙文書』1983
—	—	㈶茨城県教育財団『鹿の子 C 遺跡漆紙文書』1983
—	—	㈶茨城県教育財団『鹿の子 C 遺跡漆紙文書』1983
一行書き	大字	㈶茨城県教育財団『鹿の子 C 遺跡漆紙文書』1983
一行書き	不明	栃木県教委『下野国府跡 VII　木簡・漆紙文書調査報告』1987
—	—	栃木市教委『史跡下野国庁跡 I』1987
細字双行	小字	宮城県多賀城跡調査研究所『多賀城漆紙文書』1979

表1　古代籍

文書名	種　別	統計部の書式	歴名の配列
阿波国大帳	計帳目録	—	—
神亀3年（726）山背国愛宕郡出雲郷雲上里・雲下里計帳	計帳歴名	詳細型	続柄順
天平12年（740）越前国江沼郡山背郷計帳	計帳手実	詳細型	続柄順
天平5年（733）右京計帳	計帳手実	詳細型	続柄順
近江国志何郡古市郷計帳	計帳手実	なし	続柄順
天平4年（732）山背国愛宕郡計帳	計帳歴名	詳細型	続柄順
天平7年（735）国郡未詳計帳	計帳歴名	詳細型	続柄順
年未詳　国郡未詳計帳	計帳歴名	不明	続柄順
年未詳「因幡国戸籍」	計帳歴名	—	続柄順
大宝2年（702）御野国戸籍	戸籍	簡略型	男女順
大宝2年（702）西海道戸籍	戸籍	詳細型	続柄順
養老5年（721）下総国戸籍	戸籍	詳細型	続柄順
年未詳　讃岐国戸籍	戸籍か	不明	続柄順
延暦4年（785）以降　常陸国戸籍	戸籍	詳細型	続柄順
和銅元年（708）陸奥国戸口損益帳	戸口損益帳	—	男女順
天平5年（733）右京戸口損益帳	戸口損益帳	—	不明
平城京跡第1号漆紙文書	計帳歴名	—	不明
平城京跡第5号漆紙文書	計帳歴名	詳細型	不明
平城京跡左京七条一坊九坪出土漆紙文書	計帳歴名	不明	不明
平城京跡左京四条五坊五坪出土漆紙文書	歴名文書	不明	不明
長岡宮跡東辺官衙出土漆紙文書	死亡帳	—	不明
長岡京跡左京五条四坊一町出土漆紙文書	計帳歴名	不明	続柄順
長岡京跡右京六条二坊六町出土漆紙文書	計帳歴名か	不明	不明
兵庫県豆腐町遺跡出土漆紙文書	歴名文書	—	続柄順か
茨城県鹿の子C遺跡第21号漆紙文書	歴名文書	不明	不明
茨城県鹿の子C遺跡第54号漆紙文書	歴名文書	不明	不明
茨城県鹿の子C遺跡第55号漆紙文書	計帳歴名か	不明	不明
茨城県鹿の子C遺跡第67号漆紙文書	戸籍か	簡略型	続柄順か
茨城県鹿の子C遺跡第72号漆紙文書	歴名文書	不明	不明
茨城県鹿の子C遺跡第74号漆紙文書	計帳歴名	不明	続柄順か
茨城県鹿の子C遺跡第95号漆紙文書	計帳手実か	なしか	続柄順
茨城県鹿の子C遺跡第144号漆紙文書	歴名文書	なし	続柄順か
茨城県鹿の子C遺跡第145号漆紙文書	戸口統計文書	—	—
茨城県鹿の子C遺跡第170号漆紙文書	歴名文書	不明	不明
茨城県鹿の子C遺跡第194号漆紙文書	戸口統計文書	—	—
茨城県鹿の子C遺跡第217号漆紙文書	歴名文書	不明	不明
茨城県鹿の子C遺跡第220号漆紙文書	調帳	—	—
茨城県鹿の子C遺跡第221号漆紙文書	歴名文書	—	—
茨城県鹿の子C遺跡第237号漆紙文書	戸口統計文書	—	—
茨城県鹿の子C遺跡第243号漆紙文書	歴名文書	不明	続柄順か
栃木県下野国府跡第13・15・16号漆紙文書	出挙関係解状	—	続柄順か
栃木県下野国庁跡栃木市教委37次調査出土漆紙文書	歴名文書	—	—
宮城県多賀城跡第11号漆紙文書	歴名文書	不明	不明

年齢等の書式	年齢の数字	出　典
一行書き	大字	宮城県多賀城跡調査研究所『多賀城漆紙文書』1979
一行書き	小字	宮城県多賀城跡調査研究所『多賀城跡』年報 2006，2007
一行書き	小字	宮城県多賀城跡調査研究所『多賀城跡』年報 1990，1991
一行書き	小字	宮城県教委『山王遺跡 V』1997
細字双行	小字	宮城県教委『山王遺跡 III』1996
一行書き	大字	宮城県教委『山王遺跡 III』1996
不明	大字	宮城県教委『山王遺跡 III』1996
一行書き	小字	多賀城市埋文調査センター『山王遺跡 I』1997
一行書き	大字	多賀城市埋文調査センター『山王遺跡 I』1997
細字双行	小字	多賀城市埋文調査センター『山王遺跡 I』1997
一行書き	不明	宮城県教委『市川橋遺跡の調査』2001
一行書き	大字	宮城県教委『市川橋遺跡の調査』2001
一行書き	不明	多賀城市埋文調査センター『市川橋遺跡』2004
一行書き	小字	田尻町教委『新田柵跡推定地 3 ほか』2001
一行書き	小字	水沢市教委『胆沢城跡　昭和 59 年度発掘調査概報』1985
一行書き	小字	山形県教委・酒田市教委『史跡城輪柵跡昭和 57 年発掘調査概報 2』1983
一行書きか	大字	山形県教委『生石 2 遺跡　発掘調査報告書 3』1987
不明	不明	秋田市教委・秋田城跡発掘調査事務所『秋田城出土文字資料集』1984
—	—	秋田市教委・秋田城跡発掘調査事務所『秋田城出土文字資料集 II』1992
細字双行	小字	秋田市教委・秋田城跡発掘調査事務所『秋田城出土文字資料集 II』1992
—	—	秋田市教委・秋田城跡発掘調査事務所『秋田城出土文字資料集 II』1992
細字双行	小字	秋田市教委・秋田城跡発掘調査事務所『秋田城出土文字資料集 II』1992
細字双行	小字	秋田市教委・秋田城跡発掘調査事務所『秋田城出土文字資料集 III』2000
一行書き	小字	秋田市教委・秋田城跡発掘調査事務所『秋田城出土文字資料集 III』2000
一行書き	小字	秋田市教委・秋田城跡発掘調査事務所『秋田城出土文字資料集 III』2000
—	—	秋田市教委・秋田城跡発掘調査事務所『秋田城跡　平成 12 年度概報』2001
一行書き	大字	秋田市教委・秋田城跡発掘調査事務所『秋田城跡　平成 12 年度概報』2001
一行書き	大字	秋田市教委・秋田城跡発掘調査事務所『秋田城跡　平成 12 年度概報』2001
—	—	㈶新潟県埋文調査事業団『西部遺跡 2』2010
細字双行	小字	島根県教委『史跡出雲国府跡 7』2011

文書名	種　別	統計部の書式	歴名の配列
宮城県多賀城跡第 94 号漆紙文書	歴名文書	不明	不明
宮城県多賀城跡第 96 号漆紙文書	計帳歴名	不明	続柄順か
宮城県多賀城跡第 58 次調査出土漆紙文書	計帳歴名	簡略型	続柄順
宮城県山王遺跡宮城県教委調査八幡地区出土第 1 号漆紙文書	歴名文書	不明	不明
宮城県山王遺跡宮城県教委調査多賀前地区出土第 4 号漆紙文書	歴名文書	不明	不明
宮城県山王遺跡宮城県教委調査多賀前地区出土第 6 号漆紙文書	計帳歴名	簡略型	続柄順か
宮城県山王遺跡宮城県教委調査多賀前地区出土第 7 号漆紙文書	計帳歴名	詳細型	不明
宮城県山王遺跡多賀城市教委第 10 次調査出土第 1 号漆紙文書	戸口損益帳	—	不明
宮城県山王遺跡多賀城市教委第 17 次調査出土第 3 号漆紙文書	計帳歴名	簡略型	続柄順
宮城県山王遺跡多賀城市教委第 17 次調査出土第 4 号漆紙文書	計帳歴名	不明	課口・不課口順
宮城県市川橋遺跡宮城県教委調査第 4 号漆紙文書	歴名文書	不明	続柄順か
宮城県市川橋遺跡宮城県教委調査第 5 号漆紙文書	歴名文書	不明	不明
宮城県市川橋遺跡多賀城市教委調査第 4 号漆紙文書	戸口損益帳	—	続柄順か
宮城県新田柵跡推定地出土漆紙文書	歴名文書	不明	不明
岩手県胆沢城跡第 43 号漆紙文書	兵士歴名か	—	—
山形県城輪柵跡出土漆紙文書	歴名文書	不明	続柄順か
山形県生石 2 遺跡出土漆紙文書	歴名文書	不明	不明
秋田県秋田城跡出土第 2 号漆紙文書	統計部か	不明	不明
秋田県秋田城跡出土第 8 号漆紙文書	計帳目録	—	—
秋田県秋田城跡出土第 9 号漆紙文書	計帳歴名	簡略型か	続柄順
秋田県秋田城跡出土第 13 号漆紙文書	出挙帳	—	—
秋田県秋田城跡出土第 15 号漆紙文書	歴名文書	不明	不明
秋田県秋田城跡出土第 16 号漆紙文書	死亡帳	—	不明
秋田県秋田城跡出土第 17 号漆紙文書	戸籍か	不明	続柄順
秋田県秋田城跡出土第 18 号漆紙文書	計帳歴名	不明	不明
秋田県秋田城跡出土第 28 号漆紙文書	出挙帳	—	—
秋田県秋田城跡出土第 29 号漆紙文書	戸籍	簡略型	不明
秋田県秋田城跡出土第 30 号漆紙文書	歴名文書	不明	不明
新潟県西部遺跡出土漆紙文書	歴名文書	—	—
島根県出雲国府跡出土漆紙文書	死亡帳か	—	不明

一　平城宮・京跡、長岡京跡出土漆紙文書

（1）平城京跡第一号文書

歴名文書で、名前の下に年齢と年齢区分を細字双行で記す。数字は大字ではなく通常の数字（以下、小字と称する）を用いる。「浮浪」注記を持つものがあり、計帳と推定できるが、計帳での「浮浪」注記は初発見の例である。和銅年間に数え年九歳の者が浮浪と認定されているので、文書の内容上の年代は和銅元年（七〇八）～養老七年（七二三）となる。なお、人名の傍らに画指状の墨点がある。

（2）平城京跡第五号文書（口絵2参照）

計帳歴名の統計部に相当する部分が残り、その書式は正倉院文書の右京計帳手実と対応している。本貫も「坊」であり、左京または右京の計帳である。数字は大字を用いるが、内訳人数は小字である。

なお、計帳の歴名部には、右京計帳手実や神亀三年（七二六）山背国愛宕郡出雲郷雲上里・雲下里計帳のように、詳細な内訳を記すものが従来知られていたが、漆紙文書出土例の増加により、後述のごとく、二～三行に追い込みで簡略に記すものが知られるようになった。前者を詳細型統計部、後者を簡略型統計部と仮称することにする。本文書は詳細型である。

本文書は「手実」を自称しているが、本貫記載が「右同坊」と直前の戸を受けた形になっているので、各戸提出の手実を貼り継いだものではなく、浄書したものであろう。作成年代の上限については、三歳以下の年齢区分に「黄」字を用いており、これは養老令施行以降の表記であるので、天平勝宝九歳（天平宝字元年、七五七）以後の文書である。下限は、紙背文書に「宝亀二年」（七七一）の記載があるので、それ以前である。田地関係の文書（第四号文書）と伴出し

ているので、民部省から払い下げられたことがわかり、民部省に提出された計帳歴名ということになる。なお、本文書が出土した溝の下流から、木口に「・大倭国志癸郡大神里・和銅八年／計帳」と墨書した文書の棒状の軸が出土している。年代は異なるが、これも京進された計帳歴名である。

(3) 平城京跡左京七条一坊九坪出土文書

歴名文書で、「黒子」などの身体的特徴の記載や、異動の記載があるため、計帳歴名と推定できる。年齢と身体的特徴は細字双行で記載する。年齢の数字は小字を用いる。地方行政単位として「郷」がみえるので、郡郷里制下か郡郷制下のものと推定できる。

(4) 平城京跡左京四条五坊五坪出土文書

歴名文書であるが、断片のため詳細は不明である。奴婢の記載を含む。

(5) 長岡宮跡東辺官衙出土文書

人名の下に年齢と年齢区分を右寄せで記し、身体障碍に関する記述がある場合はその左行に記す。数字は小字。さらにその下に「延暦九年（七九〇）六月三日死」などと死亡年月日を記す。

(6) 長岡京跡左京五条四坊一町出土文書

歴名部と統計部からなっている。統計部は不課口の内訳の一部しか残っておらず、詳細型か簡略型か不明である。名前と年齢と年齢区分を一行で記す。数字は大字である。戸籍との推定があるが、二一歳の者に「進正丁」の記載があり、課丁把握のため毎年作成される計帳歴名の可能性が高い。正丁の年齢は、天平宝字元年（七五七）に二一歳以上から二二歳以上に変更されるため、本文書はそれ以前のものということになる。つまり平城京の時代に作成された籍帳が、長岡京にまでもたらされて、そこで廃棄されたことになる。なお、文書の保管期間は、規定上、戸籍が三〇年、大帳が六年である。紙背が二次利用されている可能性も否定できない。

(7) 長岡京跡右京六条二坊六町出土文書

人名・年齢・身体障碍に関する記載の一部が断片として残っている。数字は小字を用いる。

二　兵庫県豆腐町遺跡出土漆紙文書

全七行が残るが、行間は一・三行目、三～七行目はほぼ等間隔であるのに対し、一・二行目、二・三行目はその約半分に詰まっている。また、一・三～七行目は丁寧に書かれているのに対し、二行目は比較的粗雑な文字である。以上のことから、二行目は追記であると判断できる。

歴名の記載は、〈「□〔領ヵ〕行」＋個人名＋年齢＋年齢区分＋注記〉という書式をとる。おおむね籍帳関係文書であると判断できるが、性格を絞り込むために注記に着目する。注記は「今上□」とあるが、「今上件」であると推定でき、その行以前の何人かについての注記である。「今」とあるので、過去との異動が問題とされている。もし仮に、複数年遡った異動を記しているなら、いわゆる「陸奥国戸口損益帳」などのように、異動事由発生年を書くはずであるが、年次なしで「今」としか記していない。つまり、単年度、「去年」と「今年」の異動であることが自明のものとして記載している。従って、毎年作成する計帳に関する歴名文書であると判断できる。ただし、追記による修正がなされていることなどからみて、計帳歴名の浄書本ではなく、計帳に関わる何らかの草であるとみられる。

文書の年代は、「年十七」の者が「少子」とされていることから、天平勝宝九歳（七五七）以降のものと判断できる。なお、個人名の上の「□〔領ヵ〕行」の部分については、氏姓ではなく、「うながしゆく」という異動の記載の可能性があるが、類例がなく確言できない。

三　茨城県鹿の子C遺跡出土漆紙文書

（1）第二一号文書

名前と年齢を一行で記したものを列記する歴名文書である。数字は小字と推定される。

（2）第五四号文書

年齢を列記した部分が残る。大字を用いており、恐らく一行書きである。

（3）第五五号文書

年齢区分と身体的特徴を細字双行で記した部分が残る。

（4）第六七号文書

戸籍と推定される。常陸国府関連工房に払い下げられていることから、国府における控えと推定できる。歴名部分は名前と年齢と年齢区分を一行で記す。数字は大字。統計部分は細字双行で記載され、数字は小字を用いる。この点は御野型戸籍、後述の秋田城跡第二四号文書に類似する。戸籍の統計部記載としては、簡略型と位置づけられる。

（5）**第七二号文書**
年齢区分を列記した部分が残る歴名文書。恐らく細字双行で書かれている。
（6）**第七四号文書**
計帳歴名と推定される。名前と年齢と年齢区分を一行で記す。数字は大字。これも常陸国府における控えである。
（7）**第九五号文書**
身体的特徴の記載を有する歴名文書で、計帳と推定できる。誤記を訂正した部分があり、浄書本ではない。また、統計部・別項部を記すための界線がない。これは近江国計帳に類似しており、統計・別項がない手実と推定できる。身体的特徴と年齢区分は細字双行で記している。数字は大字を用いる。
（8）**第一四四号文書**
戸主注記、年齢を伴う歴名であるが、統計部・続柄がなく、計帳としては不審である。計帳から派生した別帳簿の可能性がある（後述の栃木県下野国府跡出土第一三・一五・一六号漆紙文書参照）。年齢は細字右寄せで、小字を用いる。
（9）**第一四五号文書**
郡毎、郷毎の人数についての統計文書であるが、大帳とは別様式である。数字は小字。
（10）**第一七〇号文書**
年齢と思われる数字と年齢区分を有する文書である。数字は大字。

（11）**第一九四号文書**

常陸国および各郡の戸数・口数を集計した文書であり、官戸・神戸・奴婢・男女別の内訳を記す。大帳とは別様式である。数字は大字を用いるが、双行部の内訳は小字である。

（12）**第二一七号文書**

名前と年齢と年齢区分を一行で記す歴名文書。ただし、年齢区分は右に寄せて書かれる。数字は小字。

（13）**第二二〇号文書**

保安元年（一一二〇）摂津国調帳案と類似し、調帳と推定できる。

（14）**第二二一号文書**

歴名文書であるが、人名の下に郷名・戸主名を記しており、籍帳そのものではなく、これらから派生した文書である。後述の栃木県下野国庁跡出土漆紙文書や新潟県西部遺跡出土漆紙文書に類似している。

（15）**第二三七号文書**

課口・不課口の統計を大字で記した文書であるが、大帳とは別様式である。

（16）**第二四三号文書**

人名・年齢を一行で列記した歴名文書である。大字を用いる。

四　栃木県下野国府跡第一三・一五・一六号漆紙文書

籍帳ではなく、正税出挙の進上を約した解文であるが、借受人の歴名は計帳に類似する。統計部・続柄はないものの、人名と年齢を列記し、戸主の注記もある。借受人名簿は計帳歴名のデータに基づいていたことが推測できる。

五　栃木県下野国庁跡出土漆紙文書（栃木市教育委員会第三七次調査）

人名・年齢区分の下に郷名と恐らく戸主名を記したものを列記する文書。計帳から派生した文書で、鹿の子C遺跡出土第二二一号文書や、新潟県西部遺跡出土漆紙文書に類似している。

六　宮城県多賀城跡出土漆紙文書

（1）第一一号文書

名前の下に年齢と年齢区分を細字双行で記す歴名文書である。数字は小字。

（2）第九四号文書

年齢を大字で列記したもの。

（3）第九六号文書

別項記載を持つ計帳歴名である。名前と年齢を一行で記し、大字を用いている。楷書体で書かれており、陸奥国府保管用の浄書本と推定できる。紙背には出挙に関係する文書が二次文書として記されている。

（4）第五八次調査出土文書

統計部（簡略型）・歴名部が残存する計帳歴名である。歴名部は一行書きで、小字を用いる。楷書で書かれており、国府保管用の浄書本と推定できる。紙背には豆の支出に関する帳簿が書かれている。

七　宮城県山王遺跡出土漆紙文書

（1）宮城県教育委員会調査八幡地区出土第一号文書

人名と年齢を一行で記した歴名文書で、小字を用いる。

（2）宮城県教育委員会調査多賀前地区出土第四号文書

人名の下に年齢と年齢区分を細字双行で記した文書である。

（3）宮城県教育委員会調査多賀前地区出土第六号文書

統計部（簡略型、三行）・歴名部の一部が残存する計帳歴名である。歴名は一行書きで、大字を用いる。国府保管用の浄書本か。三歳以下の年齢区分表記に「黄」の字があるので、養老令制下のものと推定できる。

（4）宮城県教育委員会調査多賀前地区出土第七号文書

統計部（詳細型）・歴名部の一部が残存する計帳歴名である。数字は大字。国府保管用浄書本か。紙背には『古文孝経孔氏伝』が書かれる。三歳以下の年齢区分表記に「黄」の字があるので、養老令制下のものと推定できる。

（5）多賀城市教育委員会第一〇次調査出土第一号文書

名前と年齢を一行で記した歴名文書で、その下に異動の記載を持つ。正倉院文書の陸奥国戸口損益帳と類似した書式の文書である。数字は小字。粗雑に書かれているので、下書きと推定できる。地方行政単位として「里」がみえるので、郡里制下または郡郷里制下のものと推定できる。また、人名に「君子部」がみえるので天平勝宝九歳（天平宝字元年、七五七）三月以前（以後は「吉美侯部」、のち「吉弥侯部」）、「白髪部」がみえるので、延暦四年（七八五）五月以前（以後は「真髪部」）である。一方、紙背の二次利用面に「陸奥国□（苅ヵ）」とあって、これは養老五年（七二一）建郡の苅田郡にあたると考えられるので、それ以降に払い下げられていることになる。本歴名文書が、下書きであるとすれば、保管期間は長くないと思われるので、養老五年をさほど遡ることはないと推定できる。

（6）多賀城市教育委員会第一七次調査出土第三号文書

別項部・統計部（簡略型、二行）・歴名部が残存する計帳歴名である。人名・年齢・年齢区分を一行で記す。統計部の内訳記載や、異動の記載に用いる数字が小字である以外は、原則として大字を用いる。楷書で書かれており、国府保管用浄書本と推定できる。歴名部の人名の下に「割附」の異動記載を持つものがあり、墨点が付されている。次年度計帳で除くべき者をチェックしたものと推定できる。三歳以下の年齢区分表記に「緑」の字があるので、大宝令制下のものであり、異動記載中に「駅家里」がみえるので、郡里制下または郡郷里制下と推定できる。

(7) 多賀城市教育委員会第一七次調査出土第四号文書

名前の下に年齢・年齢区分を細字双行で記す。課口・不課口を分けて人名を列記し、それぞれの末尾に合計を記している。課口を問題としていることからすると、計帳歴名と推定できるが、正倉院に現存する計帳歴名とはいくつかの点で大きく異なる。配列は課口から不課口へという順であり、男女順の御野型戸籍や正倉院文書陸奥国戸口損益帳に類似する。西海道型のような続柄に従った配列の戸籍から、課口・不課口順の計帳を作成するのは可能とはいえ困難であるが、男女順の配列の戸籍から作成することは、そのまま転記するわけにはいかないものの容易な作業である。ウジ名を省略しているが、この点も御野型戸籍や陸奥国戸口損益帳に類似する。また、年齢と年齢区分を細字双行で記す点も御野型戸籍に類似する。紙背には出挙関係文書が二次文書として記されている。

八　宮城県市川橋遺跡出土漆紙文書

(1) 宮城県教育委員会調査第四号文書

年齢・年齢区分・異動記載を一行で記す歴名文書。異動記載の中には、「七月□日死」と、死亡の月日がある。この日付は、令制通りであれば手実提出期限後なので、大帳後死にあたる。歴名部に死亡記載があることからすれば、完成した計帳歴名の歴名部ではないと推定できるが、完成後一年間における異動の書き込みである可能性、別項部である可能性、戸口損益帳である可能性、死亡帳である可能性などがあり、特定できない。

(2) 宮城県教育委員会調査第五号文書

年齢・年齢区分を一行で記した歴名文書である。

（3）多賀城市教育委員会調査第四号文書

年齢区分から下のみが残る歴名文書であるが、「已上七口弘仁九年」などと、戸口の異動記載を伴うものがある。界線の類似から戸口損益帳と推定される。年代は弘仁九年（八一八）以後ということになる。

九　宮城県新田柵跡推定地出土漆紙文書

年齢・年齢区分を一行で記す歴名文書。数字は小字を用いる。年齢区分に「黄」字を用いていることから、養老令制下のものである。

一〇　岩手県胆沢城跡出土漆紙文書

（1）第四三号文書

人名・年齢＋合点・郷名・番号・戸主名を一行で列記している。数字は小字。人名は成人男子に限られる。郷は陸奥国柴田郡内のものに限られ、柴田郡から胆沢城へ貢進された者の歴名ということになる。兵士の歴名と推定される。番号は五十が最高値であり、郷内の戸の番号と推定される。各戸に戸番を付し、順に兵士を点定したことが推定される。本文書は、計帳に基づくデータから成り立っているが、戸番のように計帳にはないデータも含まれる。計帳から派生し、別のデータも加えて作成した文書ということになる。

一一　山形県城輪柵跡出土漆紙文書

人名・年齢を一行で記した歴名文書。数字は小字を用いる。

一二　山形県生石二遺跡出土漆紙文書

年齢を大字で記した歴名文書である。

一三　秋田県秋田城跡出土漆紙文書

(1) 第二号文書

「(死)亡逃走」などの統計を記した文書と思われるが、詳細はわからない。紙背に出挙関係文書を記す。人名の下に稲の束数を大字で記した一行書き、二段構成の歴名文書で、出挙帳と推定できる。人名には戸主の記載を有するものがある。

(2) 第八号文書

戸口の統計文書であり、出羽国大帳にあたる。数字は大字を用いる。楷書で書かれており、国府で保管されていた案文である。校合の墨点を有する。小子の内訳に年齢が一六歳・一七歳の者の項目がある。これは中男に進む直前を示しているが、小子の年齢は天平宝字元年（七五七）に一六歳以下から一七歳以下に変更されているので、本文書はそれ以後のものであることがわかる。

（3）**第九号文書**

「出羽国出羽郡井上……天平六年七月廿八日」との継目裏書をもつ計帳歴名である。統計部が残るが、わずかであり、詳細型か簡略型かは不詳である。年齢と身体的特徴を細字双行で記している。数字は小字を用いる。

継目裏書によれば、本計帳は郷単位でまとめられており、天平六年（七三四）七月末の日付となっている。この日付は、手実提出期限と太政官への提出期限のちょうど中間にあたる。本文書は楷書で書かれており、出羽国府保管用の浄書本である。草を控えとして保管するのではなく、浄書本を作成して保管していることになる。紙背文書は天平宝字三年（七五九）の具注暦であり、国府における計帳歴名の保管期間を推定することができる。

（4）**第一三号文書**

第二号文書の紙背と同様に、人名の下に稲の束数を大字で記した一行書きの歴名文書で、出挙帳と推定できる。人名には戸主の記載を有するものがある。

（5）**第一五号文書**

年齢を小字で記した歴名文書

（6）**第一六号文書**
人名の下に年齢と年齢区分を細字双行で記し、さらにその下に死亡年月日を付したものを、二段書きにて列記した文書。年齢・日付の数字は小字を用いる。記載は戸ごとにまとめられている。死亡年月日は「去年九月七日死」から「今年六月十三日死」までわたる。修正・抹消があるので、浄書本ではなく、出羽国府における草であろう。

（7）**第一七号文書**
続柄・人名・年齢・年齢区分を一行で列記する歴名文書である。数字は小字を用いる。身体的特徴などの記載はなく、戸籍と推定できる。

（8）**第一八号文書**
歴名部と不課などの統計部が残存する。統計部は詳細型か簡略型か不明である。数字は小字を用いる。歴名部に「和太公」がみえるが、これは俘囚であり、「俘囚計帳」と推定される。

（9）**第二八号文書**
人名の下に稲の束数を大字で記した一行書きの歴名をもつ出挙帳である。郡ごとにまとめられており、出羽郡の合計人数を記載する。

（10）**第二九号文書**
年齢と年齢区分の記載のみが残る歴名部と、統計部が残る。身体的特徴の記載はなく、戸籍と推定できる。歴名部は一行書きで大字を用いる。統計部は細字双行、小字を用いており、簡略型と称すべきもので、この点は御野型戸籍、鹿の子C遺跡第六七号文書に類似する。三歳以下の年齢区分表記に「黄」の字があるので、養老令制下のものと推定できる。

（11）**第三〇号文書**

歴名文書。大字の記載をもつが、年齢かどうか確言できない。

一四　新潟県西部遺跡出土漆紙文書

人名・年齢区分・郷名・戸主名を一行書きで列記する歴名文書である。戸籍・計帳そのものではなく、これらから派生して作成されたものであろう。鹿の子C遺跡第二二一号文書や下野国庁跡出土漆紙文書に類似する。

一五　島根県出雲国府跡出土漆紙文書

人名の下に年齢と「延暦三年（七八四）」などの年紀を双行で記した歴名である。報告書では長岡宮第三四一次調査出土文書や秋田城跡出土第一六号文書の死亡帳と比較して共通性を指摘する。

一六　小　結

第一章で示したことと重複するが、改めて通覧して気づく点を述べておきたい。まず、都城出土漆紙文書をみると、京進計帳と推定できるものがあることがわかる。これは、計帳歴名が京進されたかどうかという議論を考えるための重要な材料となりうる。

次いで、地方官衙遺跡出土漆紙文書をみると、さまざまな段階の計帳があることがわかる。大帳案およびそれから派生したと思われる統計文書や、国府保管用浄書本の計帳歴名・計帳歴名の草または写しがある。ただし、多くの歴名文書については、計帳歴名の草段階のものか、計帳歴名から派生した帳簿か、判別が困難な場合が多く、慎重に検討する必要がある。

このほか、注意される点として、計帳歴名の統計部記載に詳細型と簡略型の二類型があり（なお、宮城県教育委員会『山王遺跡Ⅳ』〈一九九六年〉では、簡略型統計部をもつ計帳が、計帳歴名である可能性と、手実である可能性を指摘している）、また、歴名部において、年齢・年齢区分・身体的特徴などを一行で記すものと細字双行で記すものの二類型があることがわかる。戸口配列にも、続柄順のものと男女順または課口・不課口順の二類型がある。正倉院文書中の計帳歴名および西海道・下総型戸籍は、詳細型（ただし戸籍はピラミッド型に集計を積み上げる記載）かつ一行型かつ続柄順であり、御野型戸籍は簡略型かつ細字双行型かつ男女順である。統計部・歴名部の特徴が西海道型・御野型と相関する場合とそうでない場合があり、現段階では時期的変化や地域的分布を議論することができないが、将来的に資料が増加した段階で検討すべき論点である。

第二章　漆紙文書にみる土地支配
――災害による租税免除をめぐって――

はじめに

本章では、法制史料と行政文書を対照させながら、律令国家の土地支配について考察する。その際に、損田、つまり災害によって損害が生じた田の認定と、それに基づいた租税の免除という問題に注目したい。損田の認定のあり方を検討することが、行政機構がどの程度実効的に田地の実態を把握できたのかということを知る手がかりとなると考えるからである。

この問題を考えるためには、本論で述べるように、漆紙文書を活用することが有効である。しかしながら、出土文字資料である漆紙文書は、断片的であり、正倉院文書として残されている律令公文と比較し、また、制度史的な枠組みの中に位置づけて検討しなければ、歴史的な評価を行うことが困難である。そこで、周知のことであるが、まずは律令規定の分析から始めることとしたい。

一　災害による租税免除に関わる律令規定

（1）養老賦役令水旱条とその関連法

この問題に関わる令の条文は、賦役令水旱条である。この条文は、大宝令で制定されたと推定されるので、[1] 本来は大宝令から議論を始めるべきであるが、史料として残存しているのは、『令義解』『令集解』に引用された養老令である。

養老賦役令9条水旱条（便宜的に改行）
凡田、有二水旱虫霜、不熟之処一、国司検レ実、具録申レ官。
十分損二五分以上一、免レ租。損七分、免二租調一。損八分以上、課役俱免。
若桑麻損尽者、各免レ調。其已役已輸者、聴レ折二来年一。

大宝賦役令水旱条は、寺崎保広などによる復原研究[2]を踏まえ、『唐令拾遺補』で、次のように復原されている（○は『令集解』所引古記、大宝令施行期間に制定された格に引用された令文などにより大宝令に同一文字が存在したと推定できる部分。――は大宝令に同一内容の文言が存在したと推定できる部分。［ ］は大宝令に存在し、養老令にはない文字）。

凡田、有水旱虫霜、不熟之処、国司検実、具録申官。
［依戸作］十分損五分以上、免租。損七分、免租調。損八分以上、課役俱免。
若桑麻損尽者、各免調。其已役已輸者、聴折来年。

この条文は、田地の損害を、地方行政機構の国が中央政府に報告し、損害率に応じて、租や調庸を免除する規定である。大宝令残存部は、ほぼ養老令と同一であるが、損害率の算定基準が「依戸作十分」とある点が相違する。後述のように、「依戸」の文言は唐令にもなく、損害算定が個々の田主単位ではなく戸単位であることが大宝令の特徴である。

しかし、実際には、租税免除は別の原理によって行われていた。それは「不三得七法」である。これは、『令集解』賦役令水旱条所引養老八年（神亀元年、七二四）格に、

租者、全以二七分已上一為レ定。不レ得レ以二六分大半一。

とみえるものである。その後、延暦一六年（七九七）・一九年・二一年に一時的に改正されたが、『類聚三代格』一五弘仁七年（八一六）一一月四日太政官符「応令依法処分損田事」所引大同元年（八〇六）一二月二日太政官符（『令集解』賦役令水旱条、『政事要略』六〇所引同太政官符）に、「収レ租之法、復依二不三得七之旧例一。」とあって、この時もとの不三得七法に戻され、『延喜式』主税上で、

凡勘二租帳一者、皆拠二当年帳一。即通二計国内一、十分以二得七分已上一、為レ定。

と定着した。

この不三得七法は、人別・戸別ではなく、国単位で、七割の租を確保することを目的とした制度で、この制により、国司による租税徴収請負の性格が強まった。不三得七法により、個別人身的な規定は、少なくとも中央政府と諸国との間では、実質的に意味がなくなったのである。

また、賦役令水旱条を実行に移そうとした場合、賃租関係を含め、実際の耕作者などを把握する必要があるはずである。これを中央政府に報告する文書が青苗簿（「青苗簿式」養老元年〈七一七〉制定）である。しかし、この文書は実効性がないと考えられており、人別・戸別の賦役令水旱条はそのままでは機能しなかった。

次に、以上のような日本における賦役令水旱条の位置づけを検討するために、唐令と比較することにしたい。

（2）日唐の比較

日本の賦役令水旱条の手本となった唐令の条文は次のものである。

宋天聖賦役令不行唐令8条（唐開元二五年令〈七三七〉に相当）

諸田、有二水旱虫霜、不熟之処一、拠二見営之田一、州県検レ実、具レ帳申レ省。十分損二四以上一、免レ租。損六、免二租調一。損七以上、課役倶免。若桑麻損尽者、各免レ調。其已役已輸者、聴レ折二来年一。経二雨〔両ヵ〕〔年脱ヵ〕一後、不レ在二折限一。其応二損免一者、兼〔唐令は通ヵ〕計二麦田一、為二分数一。

『唐令拾遺』『唐令拾遺補』の成果によれば、この条文は唐武徳七年令（六二四）に遡ることがわかる。日本大宝令の元になった唐永徽令の逸文は残っていないが、武徳七年令に同様の規定が存在することからみて、対応する条文が存在したことは確実である。

さて、宋天聖賦役令不行唐令8条（唐開元二五年令）と日本大宝・養老令を比較すると、免除条件となる損害の率が異なる点を除けば、ほぼ同じ構造をもっていることがわかる。しかし、子細にみると、宋天聖賦役令不行唐令8条（唐開元二五年令）では「拠二見営之田一」とあり、実際に耕作されている見営田が基準となっていること、大宝令では「依レ戸作二十分一」とあり戸ごとに損害を算定し、租税を免除することになっていたことが注意される。特に、「依レ戸」の部分は、大宝令以外にはみえず、日本独自の改変であることがわかる。

損害の算定が戸単位であることについては、すでに天聖令が発見される前から、『唐令拾遺』などによる唐令復原研究に基づいて検討がなされている。大津透は、日本では唐と異なり、耕作状況や損害について個別人身的把握は不可能で、戸単位でなければ把握できなかったことが背景にあったとする。[3] 大宝令制定時点で、民衆一人一人を掌握できなかったことについては、後述するように従うべきである。また、大宝令制定者が、唐令を見て、唐では個別人身的に損害を調査することが前提となっていたと解釈し、日本ではそれが不可能であると判断して、戸単位の把握方式に書き改めた可能性は確かにある。

しかし、後に大津自身も論ずるように、唐でも現実には個別人身支配は貫徹していなかった[4]。また、唐の田地経営においても戸の単位が重要であったという指摘もある[5]。そこで、日唐の差異の背景は別の面からも再検討する必要があろう。

このことを考えるために、周知のことに属するが、唐の均田制と日本の班田収受法の違い、両者の租税制の違いを整理しておきたい[6]。

中国の均田制は北魏に始まる。当初は男女ともに田地を支給されたが、隋唐の均田制では女性に対する給田は廃止され、給田は、成人男子に支給される永業田、口分田から成り立っていた。その規定面積は現実に耕作できる面積より広く、占有限度額を示していた。そのため、新規開墾分は限度内に吸収して把握することが可能なしくみであった。

これに対し、日本の大宝・養老令では、額は少ないものの女性に対する口分田支給規定が存在する。その一方で、永業田は継受しなかった。口分田班給額は実際に支給する目標額であり、既墾地のみを把握して実際にこれを支給しようとする制度であった。一方、このため、未墾地、新規開墾田を把握するしくみは取り入れられないことになった。これが可能になったのは、後述のように、八世紀中頃に条里制・田図の制度が整備され、墾田永年私財法が制定されるのを待たなければならない。

一方、租税制の中核をなす租調庸についてみると、唐令では、全て賦役令に規定されており、成人男子に対して賦課される人頭税としての性格を持っていた。これに対し、日本の大宝・養老令では、租は調庸と異なり田令に規定され、田地の面積に対して賦課されるものであった。すなわち、女性は調庸は徴収されないが、口分田を受けていれば面積に応じて租は徴収されることになる。

これを踏まえて、日本大宝賦役令水旱条で「依戸作十分」とあって戸が単位となっていたことの意味を検討したい。唐令では、田の支給を受ける者と、損害があった場合に租調庸の免除を受ける者が男性に限られ、ほぼ一致する。これに対し、大宝令では、女性にも口分田が支給されており、これに損害があった場合、租の免除には意味があるが、調庸の免除は女性に納税義務がない以上、意味がない。そこで、戸を単位として、戸内男女の口分田を通計して損害の率を算定し、租のみならず成人男子にのみ賦課される調庸も免除するように規定したのである。

養老令でも口分田被給者と調庸納入者とのずれはそのまま存在するが、大宝令にあった「依戸」は削除している。これは、個別人身支配が唐と同様に浸透したからではなく、不三得七法により、戸別の免除を中央政府に報告する意味が実質的にはなくなったため、形式的に唐令に合わせた可能性が高い。

なお、唐令で「見営之田」が損率計算の基準であったのに、日本ではその文言がないことについて付言しておく。唐の場合、占有限度額である永業田・口分田の面積は、全て開墾されているとは限らない。そのため、損率の基準を実際に耕作されている田に限定する必要がある。これに対し、日本の場合、口分田は、建前上、実際に耕作すべき所定額を支給することが目標とされていた。このため、法文上は口分田と見営田を区別する必要がなかったのであろう。

二　災害による租税免除に関わる行政文書

(1) 正倉院文書

前章では、唐令と比較しながら、日本大宝賦役令水旱条では、文言上、損害の把握が戸単位とされ、個々の田主についての把握が目指されていなかったこと、運用上でも、中央政府は実際の耕作者や個々の損害状況を把握することを放棄し、一定率の租税が確保できれば良しとし、実質的な支配は国司に委ねられていたことなどを指摘した。それでは、支配を委ねられた国司は、実際の農民や田地と対峙したとき、どのようにこれを把握したのであろうか。以下、行政文書を題材にこの問題を検討する。

賦役令水旱条を現実に運用する中で生成した行政文書として、正倉院文書の中では、天平一二年（七四〇）「遠江国浜名郡輸租帳」[7]がある。これは、戸主ごとに当該の戸の口分田面積合計額、損害のあった田地の面積、損害の理由、損害の率を列記し、これを郷ごとに合計し、郡全体で総計したものである。戸主ごとに列記した部分の一例（新居郷の冒頭の戸）を挙げよう。

戸主語部荒馬田玖段壹伯貳拾歩　伍段貳伯壹拾陸歩遭風損六分

この書式は、『延喜式』主税下にある「租帳」書式規定末尾の「損戸交名部」（損害のあった戸の一覧記載）の書式に対応している。

若干町不輸
　某郡某郷戸主姓名　若干町遭澇水　損五分以上　封
若干町半輸
　某郡某郷戸主姓名　若干段遭旱　損四分以下　官

この浜名郡輸租帳をみると、帳簿上でも戸単位までしか把握していないことがわかる。それだけでなく、数値に操作がなされた形跡がある。口分田面積と損田面積の比が端数なく損害率と合致している点、面積の歩単位の数字がすべて二四歩の整数倍になっており、徴収すべき租の額が把単位で整数値になるように調整されている点など、国が帳簿上のつじつま合わせをして中央政府に報告していたことが指摘されている[8]。

すなわち、当該の輸租帳は、不三得七法に基づいて一国全体を通計して七割以上の租を確保できるように調整して作成した可能性が高い。つまり、国と中央政府との関係において意味があった行政文書である。

一方、国以下の行政機構の末端が、農民と対峙する場面で、どのような損田の把握が行われていたのか（逆に言えば、どのように田地一筆ごとの収穫の程度を把握して租税を徴収したのか）という実態は、こうした文書からは不明である。

奈良時代の国司による収穫状況調査は、正税帳にみえる国司の部内巡行の支出項目に、「検校伯姓損田」（天平八年〈七三六〉「薩麻国正税帳」[9]、目らによる二日間・医師らによる五日間の調査）・「検田熟不」（天平九年〈七三七〉「豊後国正税帳」[10]、史生らによる二日間の調査）・「検田得不」（天平一〇年〈七三八〉「周防国正税帳」[11]、掾・史生らによる二七日間にわたる調査）などが計上されており、国司が国内を巡って田地の収穫、損害を調査していたことは判明する。[12]しかし、その実態は不明である。そこで、出土文字資料を手がかりにしてこの問題を検討したい。

（2）出土文字資料

漆紙文書の中で損田の把握に関わる文書は二点ある。一つは、平城宮跡から出土した第五六号漆紙文書[13]である（釈文は本書第III部参照）。この文書は、田地面積の合計額の下に損害の率と収穫のあった田地の面積を割書で記している。得田面積を基準とすることなど、輸租帳と相違点もあり、口分田に関わるものかどうか、租の徴収に関わるものかどうか、確言できない。しかし、損田を管理する点では同じであり、その観点からの比較は可能である。

数字を検討すると、例えば三・四行目などでは田積合計額に（一－損率）を乗じた場合、端数が得田積と合致しておらず、少なくとも遠江国浜名郡輸租帳と同様の操作は行われていない。従って、より実態を反映している可能性はある。ただし、得田面積は三六歩の整数倍となっており、何らかの操作が行われていたことも確かである。いずれにしても、これは都城遺跡から出土したものであって、国から中央政府に報告した文書であり、行政の末端の実態はこの文書からは明らかにできない。

もう一点は、茨城県鹿の子C遺跡第二七号漆紙文書である[14]（釈文は本書第III部参照）。鹿の子C遺跡は、常陸国府に関連する工房遺跡であり、八世紀末、延暦年間を中心とする文書が出土している。二七号文書について、報告書の記載に基づき、判明することを整理しておく。

各行においては、田地一筆ごとに条里坪付による所在、坪内での位置、田地の面積を列記している。さらに「不○段」などの追記があり、収穫の得られなかった面積について後から書き入れていることがわかる。これらの田地の記載は、「戸主雀マ広足作田」「河曲郷トマ刀良作田」などと耕作者を単位にまとめられている。同じ郷内であれば、単に「戸主」とし、別郷の者が耕作している場合には郷名を記していると考えられる。郷名のみを注記していることからすれば、郡は同一である可能性が高い。つまり、郡単位に作成された帳簿ということになる。

さて、この文書は、口分田など輸租田に関する帳簿か、公田など地子田に関する帳簿かはわからず、特定の所領かどうかなども不明である。また、郡レベルで作成された帳簿か、国レベルで作成された帳簿かも確定できない。しかし、鹿の子C遺跡出土の他の文書を総合的に考えれば、この文書自体が国に上申されたかどうかにかかわらず、中身の情報自体は国に報告されるべきものとみてよい。つまり最終的には国司が把握すべき内容である。

以上述べた中で重要なことは、田の種類が何であるにせよ、国司が（一）田地一筆ごとに条里坪付を把握している点、（二）耕作者を把握している点、（三）田地一筆ごとに損害状況を把握している点、の三点にまとめられよう。

ここで国による田地の把握方式を概観した上で、当該文書の位置づけを考えたい。律令国家による田地把握に関する文書には田籍と田図がある[15]。田籍は、一般に戸ごとにその戸に属する口分田を書き上げたもの（職田・墾田などの場合は田主ごと）である。これは、田主ごとに支給された既墾地のみを把握できるものである。これに対し、田図は、田の所在地に即して、条里方眼の図に田主や面積などを書き入れたものである。この形だと、未墾地を図上で把握することができ、それが新規に開墾されれば、直ちに記入し、他との競合関係を整理して管理することが可能であった。つまり墾田の増加に対応可能な把握方法ということになる。

田図の制度が整備されたのは八世紀中頃であった。四証図のうち、最も古いものは天平一四年（七四二）である。これを前提に翌天平一五年に墾田永年私財法が制定され、それまで国家が把握できなかった墾田の領有を公的に認定し、租を徴収する体制が成立した[16]。

また、田図作成の基礎となる条里制が整備されたのも同じ頃であった。金田章裕が指摘するように、「条里地割の一町四方の坪を縦・横六つずつ合わせた正方形の区画を里とし、その内部に坪並を付して表示する条里の呼称法が導入され、条里プランが完成したのは八世紀中頃」である[17]。

つまり、条里制、田図により律令国家による土地の支配が強化されたのは八世紀半ばであり、八世紀初頭段階では、そうした支配体制は整備されていないということになる。

以上を踏まえて、八世紀後半に作成された鹿の子C遺跡二七号文書の位置づけを検討したい。先に重要な点として挙げたことがらのうち、（一）条里坪付により田地を把握している点は、八世紀半ばに条里呼称法が整備されたことを前提としてできたことである。また、（二）耕作者を把握しているという点も、八世紀半ばに国家による土地の掌握が強化されて初めて可能になったことである。八世紀初頭の大宝令制定段階では戸ごとに管理することしか目指されておらず、実際の耕作者を把握することを前提としていなかったのである。

ところで、（一）（二）を前提として（三）損田の調査が行われているが、これはどのようになされたのであろうか。まず、基礎となった文書は田籍か田図かという問題を検討する。現地に下向し、所在地に即して収穫を調査するなら、田主ごとの田籍よりも所在地ごとに整理されている田図の方が合理的である。これは、一〇世紀前半に田地の収穫状況を調査した見営使が国図に準拠していた[18]ことと符合する。

ただし、当該漆紙文書は耕作者ごとに整理された帳簿である。従って、現地で直接損害状況を書き入れたものではなく、田図に基づいて損害を調査した結果を、耕作者ごとに田地を書き上げた帳簿に転記したものであろう。損田積は、歩単位の端数が記されていない場合が多く、現実に損害のあった面積をそのまま反映しているかどうかは疑問であるが、（少なくとも名義上の）耕作者と対峙する場面で、国司の側で損害を認定していたことは確かである。

八世紀末は、不三得七法の改正が繰り返された時期にあたる。当該文書作成時点における中央政府と国との間での損田率と免除の関係がどうであったかは不明である。しかし、その如何にかかわらず、この文書は、国司への請負が進行し、中央政府が個別人身把握を放棄しつつある状況下で、国郡の行政機構の末端では、田地一筆ごとの耕作者の把握、損田の調査が行われ、支配が深化していったことを示している。

その後、一〇世紀後半に国の検田が強化される。その中で、国の検田使が現地に下向して作成した帳簿が馬上帳である。馬上帳とは、見作田の所在・坪付・面積・損田積・得田積・耕作者名を記した文書である。[19]こうした制度の歴史的前提として、鹿の子C遺跡二七号文書を位置づけることができる。

おわりに

以上、損田の処理を題材に、律令国家の土地支配のあり方を検討してきた。従来知られていた史料では、制度的な枠組みと、行政事務の最終段階に近い、集約された情報を記した行政文書から考えるしかなかったが、漆紙文書の出土により、行政事務の末端に近い段階で、どのような形で情報を集めていったかということがうかがい知れるようになった。

とはいえ、新出資料はこれからも増加すると思われ、その都度認識を改めなければならない可能性は高い。本章が、現段階における知見の整理として、今後の検討に寄与できれば幸いである。

註

（1）寺崎保広「賦役令水旱条の成立」（『歴史』五七、一九八一年）
（2）寺崎保広「賦役令水旱条の成立」（前掲註1）、同「賦役令水旱条に関する二・三の問題」（『国史談話会雑誌』二三、一九八二年）
（3）大津透「律令収取制度の特質」（『律令国家支配構造の研究』岩波書店、一九九三年、初発表一九八九年）
（4）大津透「律令的人民支配の特質」（『日唐律令制の財政構造』岩波書店、二〇〇六年、初発表二〇〇三年）
（5）三谷芳幸「律令国家と校班田」（『律令国家と土地支配』吉川弘文館、二〇一三年、初発表二〇〇九年）
（6）吉田孝「墾田永年私財法の基礎的研究」（『律令国家と古代の社会』岩波書店、一九八三年、初発表一九六七年）
（7）正集一六、『大日古』一―二五八～二七一
（8）虎尾俊哉「天平一二年遠江国浜名郡輸租帳」（『班田収受法の研究』吉川弘文館、一九六一年、初発表一九五八年）
（9）正集四三、『大日古』二―一四
（10）正集四二、『大日古』二―四三
（11）正集三五、『大日古』二―一三六
（12）森田悌「古代の検田についての小考」（『北陸史学』二四、一九七五年）
（13）奈良国立文化財研究所第二五九次調査、造酒司推定地南ＳＤ一一六〇〇溝出土、奈良文化財研究所『平城京漆紙文書一』、二〇〇五年、口絵1参照。
（14）(財)茨城県教育財団『常磐自動車道関係埋蔵文化財発掘調査報告書五　鹿の子Ｃ遺跡』、一九八三年
（15）鎌田元一「律令制的土地制度と田籍・田図」（『律令公民制の研究』塙書房、二〇〇一年、初発表一九九六年）
（16）吉田孝「墾田永年私財法の基礎的研究」（前掲註6）
（17）金田章裕『条里と村落の歴史地理学研究』（大明堂、一九八五年）
（18）西山良平「律令制社会の変容」（『講座日本歴史2』東京大学出版会、一九八四年）、佐藤泰弘「国の検田」（『日本中世の黎明』京都大学学術出版会、二〇〇一年、初発表一九九二年）
（19）戸田芳実「国衙領の名と在家について」（『日本領主制成立史の研究』岩波書店、一九六七年、初発表一九五八年）、佐藤泰弘「国の検田」（前掲註18）

第III部　漆紙文書集成

漆紙・漆紙文書出土遺跡一覧

凡例

一、本表は二〇一四年六月までに漆紙・漆紙文書が出土した遺跡のうち、これについての報告書が刊行されているか、または出土の事実が公表されているものについてまとめたものである。脱漏や誤りについてご指摘いただければ幸甚である。

一、排列は都道府県別にまとめ、その排列は木簡学会編『木簡研究』に従った。都道府県内での排列は任意である。同一遺跡中では調査機関ごとにまとめ、同一調査機関の中では調査次数順とすることを原則とした。ただし、長岡京跡については、左京・右京ごとに調査機関を通して連続して次数が付与されているので、その次数順とした。

一、所在地は、報告書検索の便を考慮して、調査時点の市町村名を記し、合併などで変更のある場合は、括弧内に現市町村名を併記した。

一、出土点数は、報告書に記載されている数による。報告書によって、本来同一の文書が接続しない複数の断片に分かれている場合、一点と数えるか複数点と数えるかがまちまちであるため、統一はとれていない。

一、「釈文」欄の数字は、後掲「漆紙文書集成」の頁数を示す。また、「?」は、当該遺跡（当該調査次数）出土資料のすべてについて墨痕が確認できないか、墨痕の有無が明らかでない場合、「△」は、墨痕はあるが、釈読できないか、報告書に釈文が記載されていない場合を示す。

一、公表されていない項目については空欄とした。

一、報告書などは最新のものにあたることにつとめた。初出などについては省略したものがある。

一、先行の集成として佐藤宗諄・橋本義則「漆紙文書集成」（『木簡研究』九、一九八七年）、奈良国立文化財研究所『埋蔵文化財ニュース』四九（一九八四年）、『同』七〇（一九九一年）、

高島英之「群馬県内出土の漆紙文書について」（『群馬県埋蔵文化財調査事業団研究紀要』二五、二〇〇七年）、青森県『青森県史資料編古代二出土文字資料』（二〇〇八年）のほか、山本崇「二〇〇五年全国出土の木簡」（木簡学会第二七回研究集会報告、二〇〇五年）、山本崇「二〇〇八年全国出土の木簡」（木簡学会第三〇回研究集会報告、二〇〇八年）、桑田訓也「二〇一〇年全国出土の木簡」（木簡学会第三二回研究集会報告、二〇一〇年）、山本崇「二〇一一年全国出土の木簡」（木簡学会第三三回研究集会報告、二〇一一年）などを参照した。

一、本表の作成にあたっては、中岡泰子氏の助力を仰いだ。

遺跡の時代	遺跡の性格	出土遺構	報告書等	釈文
奈良時代	都城跡	土坑	奈良国立文化財研究所『年報 2000　I』2000 奈良文化財研究所『平城京漆紙文書 1』2005	138
奈良時代	宮殿・官衙跡	溝	奈良国立文化財研究所『平城宮木簡 4（解説）』1986 奈良文化財研究所『平城京漆紙文書 1』2005	138
奈良時代	都城跡	溝	奈良国立文化財研究所『平城宮第 59・63・68 次発掘調査概報』1970，同『平城宮発掘調査出土木簡概報』8，1971，同『年報 1996』1997 奈良文化財研究所『平城京漆紙文書 1』2005	139
奈良時代	都城跡	溝	奈良国立文化財研究所『年報 1997　I』1997 奈良文化財研究所『平城京漆紙文書 1』2005	140
奈良時代	宮殿・官衙跡	溝・池	奈良文化財研究所『平城京漆紙文書 1』2005	?
奈良時代	都城跡	遺物包含層	奈良国立文化財研究所『年報 1997　I』1997 奈良文化財研究所『平城京漆紙文書 1』2005	140
奈良時代	宮殿・官衙跡	溝	奈良国立文化財研究所『年報 1997　I』1997 奈良文化財研究所『平城京漆紙文書 1』2005	?
奈良時代	都城跡	掘立柱建物 柱抜取穴	奈良国立文化財研究所『年報 1998　I』1998 奈良文化財研究所『平城京漆紙文書 1』2005	141
奈良時代	都城跡	土坑	奈良国立文化財研究所『平城京右京八条一坊十三・十四坪発掘調査報告』1989 奈良文化財研究所『平城京漆紙文書 1』2005	142
奈良時代	都城跡	濠状遺構	奈良文化財研究所『平城京漆紙文書 1』2005	?
奈良時代	都城跡	濠状遺構	奈良国立文化財研究所『年報 1998　I』1998 奈良文化財研究所『平城京漆紙文書 1』2005	151
奈良時代	寺院跡	整地土	奈良文化財研究所『平城京漆紙文書 1』2005	151
奈良時代	宮殿・官衙跡	井戸	奈良国立文化財研究所『年報 1998　I』1998 奈良文化財研究所『平城京漆紙文書 1』2005	152
奈良時代	宮殿・官衙跡	溝	奈良国立文化財研究所『年報 1996』1997，同『1995 年度平城宮跡発掘調査部発掘調査概報』1996，同『平城宮発掘調査出土木簡概報』32，1996 奈良文化財研究所『平城京漆紙文書 1』2005	152
奈良時代	都城跡	遺物包含層	奈良国立文化財研究所『年報 1997　III』1997 奈良文化財研究所『平城京漆紙文書 1』2005	△
奈良時代	都城跡	排水溝	奈良文化財研究所『紀要 2014』2014	153
奈良時代	都城跡	遺物包含層	奈良文化財研究所『紀要 2014』2014	153
奈良時代	都城跡	井戸	奈良市教育委員会『奈良市埋蔵文化財調査概要報告書　昭和 62 年度』1988 同『奈良市埋蔵文化財調査概要報告書　平成 15 年度』2006	154
奈良時代	都城跡	井戸	奈良市教育委員会『奈良市埋蔵文化財調査概要報告書　平成 15 年度』2006	156
奈良時代	都城跡	井戸	奈良市教育委員会『奈良市埋蔵文化財調査概要報告書　平成 16 年度』2007	158
飛鳥時代	宮殿跡	土坑	明日香村教育委員会『明日香村遺跡調査概報平成 10 年度』2000	?
長岡京時代	宮殿・官衙跡	溝	㈶向日市埋蔵文化財センター・向日市教育委員会『向日市埋蔵文化財調査報告書』43，1996	160
長岡京時代	宮殿・官衙跡	溝	㈶向日市埋蔵文化財センター『向日市埋蔵文化財調査報告書』62，2004 清水みき「長岡宮出土の死亡人帳（漆紙文書）」（『木簡研究』21，1999）	160
長岡京時代	宮殿・官衙跡	井戸等	㈶向日市埋蔵文化財センター『向日市埋蔵文化財調査報告書』70-1，2006	164

遺跡名	所在地	調査機関	調査次数	出土年	点数
平城京跡左京三条一坊十六坪	奈良県奈良市	奈良国立文化財研究所	32 次	1966	1
平城宮跡	奈良県奈良市	奈良国立文化財研究所	32 次補足	1966	2
平城京跡左京二条二坊六坪	奈良県奈良市	奈良国立文化財研究所	68 次	1970	2
平城京跡左京八条三坊十坪	奈良県奈良市	奈良国立文化財研究所	93 次	1975	5
平城宮跡	奈良県奈良市	奈良国立文化財研究所	99 次	1976	8
平城京跡左京二条二坊十三坪	奈良県奈良市	奈良国立文化財研究所	131-31 次	1982	1
平城宮跡	奈良県奈良市	奈良国立文化財研究所	154 次	1983	1
平城京跡左京八条一坊六坪	奈良県奈良市	奈良国立文化財研究所	160 次	1984	1
平城京跡右京八条一坊十四坪	奈良県大和郡山市	大和郡山市教育委員会		1984	70
平城京跡左京三条二坊八坪	奈良県奈良市	奈良国立文化財研究所	200 次	1989	3
平城京跡左京二条二坊五坪	奈良県奈良市	奈良国立文化財研究所	204 次	1989	3
西隆寺跡（平城京跡右京一条二坊九坪）	奈良県奈良市	奈良国立文化財研究所	228 次	1991	3
平城宮跡	奈良県奈良市	奈良国立文化財研究所	243 次 245-1 次	1993	1
平城宮跡	奈良県奈良市	奈良国立文化財研究所	259 次	1995	1
平城京跡左京二条二坊十一坪	奈良県奈良市	奈良国立文化財研究所	279 次	1997	1
平城京跡左京二条二坊十三坪（追加）	奈良県奈良市	奈良国立文化財研究所	131-31 次	1982	1
平城京跡左京八条一坊六坪（追加）	奈良県奈良市	奈良国立文化財研究所	160 次	1984	1
平城京跡左京七条一坊九坪	奈良県奈良市	奈良市教育委員会	128 次	1987	14
平城京跡左京四条五坊五坪	奈良県奈良市	奈良市教育委員会	510 次	2004	13
平城京跡右京二条三坊一坪	奈良県奈良市	奈良市教育委員会	513 次	2004	1
飛鳥京跡	奈良県高市郡明日香村	明日香村教育委員会	1998-20 次	1999	1
長岡宮跡	京都府向日市	㈶向日市埋蔵文化財センター	宮 301 次	1995	2
長岡宮跡	京都府向日市	㈶向日市埋蔵文化財センター	宮 329 次 宮 341 次	1996～97	11
長岡宮跡（東面北門）	京都府向日市	㈶向日市埋蔵文化財センター	宮 373 次	1999	26

遺跡の時代	遺跡の性格	出土遺構	報告書等	釈文
長岡京時代	都城跡	土坑	㈶京都市埋蔵文化財研究所『長岡京跡　京都都市計画道路 1 等大路第 3 類第 46 号　外環状線整備事業に伴う埋蔵文化財発掘調査報告書』1980	164
長岡京時代	都城跡	溝	向日市教育委員会『向日市埋蔵文化財調査報告書』8，1982	165
長岡京時代	都城跡	土坑	向日市教育委員会『向日市埋蔵文化財調査報告書』10，1983	△
長岡京時代	都城跡	土坑・石敷下面	㈶京都市埋蔵文化財研究所『長岡京左京出土木簡 1』1997 同『京都市埋蔵文化財調査概要　昭和 60 年度』1988	△
長岡京時代	都城跡	溝	㈶京都市埋蔵文化財研究所『京都市埋蔵文化財調査概要　昭和 62 年度』1987	△
長岡京時代	都城跡	溝	㈶向日市埋蔵文化財センター・向日市教育委員会『向日市埋蔵文化財調査報告書』34，1992	166
長岡京時代	都城跡		㈶京都府埋蔵文化財調査研究センター『京都府遺跡調査概報』38，1990	?
長岡京時代	都城跡	土坑	㈶向日市埋蔵文化財センター・向日市教育委員会『向日市埋蔵文化財調査報告書』36，1993	166
長岡京時代	都城跡	溝	㈶長岡京市埋蔵文化財センター『年報　平成 6 年度』1996	167
長岡京時代	都城跡	遺物包含層	㈶向日市埋蔵文化財センター・向日市教育委員会『向日市埋蔵文化財調査報告書』43，1996	167
長岡京時代	都城跡		（公財）長岡京市埋蔵文化財センター『長岡京跡左京第 557 次調査現地説明会資料』2013，同『年報　平成 24 年度』2014	?
長岡京時代	都城跡	溝	㈶長岡京市埋蔵文化財センター『年報　平成 12 年度』2002 『木簡研究』23，2001	168
江戸時代	集落跡	埋桶	㈶向日市埋蔵文化財センター『向日市埋蔵文化財調査報告書』71，2006	169
平安時代	都城跡	溝	関西文化財調査会『平安京跡発掘調査報告左京八条四坊一町』2004	170
奈良～平安時代	官衙跡	河川跡	神戸市教育委員会・吉田片山遺跡調査団『吉田南遺跡現地説明会資料 V』1979 神戸市教育委員会『平成 25 年度春季企画展神戸発掘最前線（パンフレット）』2013（写真掲載） 同企画展（2013）展示パネルに釈文掲載 発掘された明石の歴史展実行委員会・明石市編『明石の古代（展示図録）』2013	171
奈良時代	工房跡	井戸跡	姫路市埋蔵文化財センター『発掘調査速報展 2009』2009	171
平安時代	官衙跡	河川跡	日高町・日高町教育委員会『但馬国分寺展』1994 豊岡市教育委員会・但馬国府国分寺館『国府・国分寺の謎を探る　但馬国府国分寺館展示図録』2006	172
平安時代	官衙跡	溝	加賀見省一「兵庫・祢布ヶ森遺跡第 19 次調査出土木簡(続)」『木簡研究』19，1997	?
平安時代	官衙跡	濠状遺構	豊岡市教育委員会但馬国府国分寺館『祢布ヶ森遺跡第 40・41 次発掘調査報告書』（豊岡市文化財調査報告書 4）2012	△
平安時代	集落跡	竪穴住居	韮崎市教育委員会・韮崎市遺跡調査会『宮ノ前第 3 遺跡』1993	173
奈良～平安時代	集落跡	竪穴住居	韮崎市教育委員会『宮ノ前第 5 遺跡』1997	173
奈良～平安時代	集落跡	遺構外	㈶山梨文化財研究所『高畑遺跡』（山梨市文化財調査報告書 8）2005	?
奈良～平安時代	寺院関連遺跡	河道	香川・下寺尾遺跡群発掘調査団『香川・下寺尾遺跡群北 B 地区・下寺尾廃寺地区・篠谷地区発掘調査報告書』2005	174
奈良～平安時代	集落跡	竪穴住居	府中病院内遺跡調査団『武蔵台遺跡 II』1996	175
江戸時代	武家屋敷跡		南麻布福祉施設建設用地内遺跡調査会『港区 No. 91 遺跡』1991	?

遺跡名	所在地	調査機関	調査次数	出土年	点数
長岡京跡左京五条四坊一町	京都府京都市	㈶京都市埋蔵文化財研究所	左京 59 次	1980	2
長岡京跡左京四条二坊十一町（旧左京四条二坊九町）	京都府向日市	向日市教育委員会	左京 71 次	1981	2
長岡京跡左京四条二坊十町（旧左京三条二坊十二町）	京都府向日市	向日市教育委員会	左京 88 次	1982	1
長岡京跡左京五条三坊一町	京都府京都市	㈶京都市埋蔵文化財研究所	左京 140 次	1985〜86	2
長岡京跡左京五条四坊八町	京都府京都市	㈶京都市埋蔵文化財研究所	左京 174 次	1986	1
長岡京跡左京北一条二坊三町（旧左京一条二坊七町）	京都府向日市	㈶向日市埋蔵文化財センター	左京 220 次	1989	2
長岡京跡左京北一条二坊一町（旧左京一条二坊三町）	京都府向日市	㈶京都府埋蔵文化財調査研究センター	左京 222 次	1989	
長岡京跡左京一条三坊三町	京都府向日市	㈶向日市埋蔵文化財センター	左京 282 次	1992	1
長岡京跡左京六条一坊十町	京都府長岡京市	㈶長岡京市埋蔵文化財センター	左京 338 次	1994	3
長岡京跡左京二条二坊八町	京都府向日市	㈶向日市埋蔵文化財センター	左京 373 次	1995	1
長岡京跡左京六条一坊十三町	京都府長岡京市	（公財）長岡京市埋蔵文化財センター	左京 557 次	2013	2
長岡京跡右京六条二坊六町	京都府長岡京市	㈶長岡京市埋蔵文化財センター	右京 688 次	2001	1
近世向日町遺跡	京都府向日市	㈶向日市埋蔵文化財センター	長岡宮 433 次	2004	1
平安京跡左京八条四坊一町	京都府京都市	関西文化財調査会		2001	22
吉田南遺跡	兵庫県神戸市	神戸市教育委員会・吉田片山遺跡調査団		1978	1
豆腐町遺跡	兵庫県姫路市	姫路市埋蔵文化財センター		2008	1
祢布ヶ森遺跡	兵庫県城崎郡日高町（現豊岡市）	日高町教育委員会		1986	5
祢布ヶ森遺跡	兵庫県城崎郡日高町（現豊岡市）	日高町教育委員会	19 次	1995	1
祢布ヶ森遺跡	兵庫県豊岡市	豊岡市教育委員会	41 次	2008	2
宮ノ前第 3 遺跡	山梨県韮崎市	韮崎市教育委員会・韮崎市遺跡調査会		1992	1
宮ノ前第 5 遺跡	山梨県韮崎市	韮崎市教育委員会		1996	1
高畑遺跡	山梨県山梨市	㈶山梨文化財研究所		2002〜03	1
香川・下寺尾遺跡群北 B 地区	神奈川県茅ヶ崎市	香川・下寺尾遺跡群発掘調査団		1996〜97	1
武蔵台遺跡	東京都府中市	府中病院内遺跡調査団	3 次	1986	1
港区 No. 91 遺跡	東京都港区	南麻布福祉施設建設用地内遺跡調査会		1990	1

遺跡の時代	遺跡の性格	出土遺構	報告書等	釈文
奈良～平安時代	官衙関連遺跡	竪穴住居	府中市教育委員会・府中市遺跡調査会『武蔵国府関連遺跡　東京競馬場発掘調査概報 1』2002	△
奈良～平安時代	官衙関連遺跡	竪穴住居	府中市教育委員会・府中市遺跡調査会『武蔵国府関連遺跡　東京競馬場発掘調査概報 2』2003	?
古墳～南北朝時代	集落跡	平安時代末期の住居	日野市落川遺跡調査会『昭和 59 年度　日野市落川遺跡調査略報』1986	?
平安時代～近世	集落跡	土坑	日野市栄町遺跡調査会『日野市栄町遺跡』1995	?
近世	居館跡	溝	㈶東京都教育文化財団東京都埋蔵文化財センター『多摩ニュータウン遺跡　No. 107 遺跡　中世・近世以降編』(東京都埋蔵文化財センター調査報告 64) 1999	?
奈良～平安時代	集落跡	竪穴住居	所沢市教育委員会『第 53・54 次調査　東ノ上遺跡』(所沢市埋蔵文化財調査報告書 3) 1995	176
奈良～平安時代	集落跡	竪穴住居	㈶埼玉県埋蔵文化財調査事業団『中堀遺跡』(埼玉県埋蔵文化財調査事業団報告書 190) 1997	177
奈良～平安時代	集落跡	竪穴住居	埼玉県鶴ヶ島市遺跡調査会『一天狗遺跡 N 地点発掘調査報告書』1994	177
奈良～平安時代	集落跡		『広報さかど　平成 16 年 1 月 1 日』2004	?
奈良～平安時代	集落跡	竪穴住居	船橋市教育委員会『平成 3 年度　船橋市市内遺跡発掘調査報告書』1992 千葉県『千葉県の歴史　資料編　考古 3 (奈良・平安時代)』1998	178
奈良～平安時代	集落跡		㈶印旛郡市文化財センター『南作遺跡』(㈶印旛郡市文化財センター発掘調査報告書 241) 2007	?
奈良～平安時代	集落跡	住居跡	㈶印旛郡市文化財センター『公津東遺跡群 3　大袋腰巻遺跡』(㈶印旛郡市文化財センター発掘調査報告書 135) 1998	?
平安時代	集落跡	竪穴住居	我孫子市教育委員会『君作遺跡第 4・5 次調査』(我孫子市埋蔵文化財報告 39) 2008	?
奈良～平安時代	官衙関連施設	竪穴住居・工房・溝・土坑	㈶茨城県教育財団『常磐自動車道関係埋蔵文化財発掘調査報告書 5　鹿の子 C 遺跡漆紙文書』(茨城県教育財団文化財調査報告書 20) 1983	179
奈良～平安時代	官衙関連施設	竪穴住居	石岡市教育委員会『鹿の子 C 遺跡範囲確認発掘調査報告書 (第 2 次)』1984	?
奈良～平安時代	官衙関連施設	竪穴住居	石岡市教育委員会『鹿の子遺跡発掘調査報告書　第 2 次』1986	?
奈良～平安時代	官衙関連施設	竪穴住居	石岡市教育委員会『鹿の子遺跡発掘調査報告書　第 3 次』1987	228
奈良～平安時代	集落跡	竪穴住居	大宮町教育委員会他『常陸源氏平』1985	229
平安時代	集落跡	竪穴住居	㈶茨城県教育財団『平成 19 年度茨城県教育財団調査遺跡紹介展』2007 同『下土師東遺跡』(茨城県教育財団文化財調査報告 305) 2008	229
奈良～平安時代	集落跡	竪穴住居	㈶茨城県教育財団『中根・金田台特定土地区画整理事業地内埋蔵文化財調査報告書　中原遺跡 1』(茨城県教育財団文化財調査報告 155) 2000	?
奈良～平安時代	集落跡	竪穴住居	㈶ひたちなか市文化・スポーツ振興公社他『船窪遺跡』(㈶ひたちなか市文化・スポーツ振興公社文化財調査報告 32) 2005	?
平安後期後半～鎌倉時代			草津市教育委員会『平成 11 年度草津市文化財年報』(草津市文化財調査報告書 41) 2001	?
奈良～平安時代	集落跡	溝・落ち込み	長野県教育委員会・㈶長野県埋蔵文化財センター他『中央自動車道長野線埋蔵文化財発掘調査報告書 6　下神遺跡』(㈶長野県埋蔵文化財センター発掘調査報告書 6) 1990	230
奈良～平安時代	集落跡	竪穴住居	松本市教育委員会他『松本市島立南栗・北栗遺跡・高綱中学校遺跡，条里的遺構』(松本市文化財調査報告 35) 1985	231
古代	集落跡	住居跡	松本市教育委員会『平田本郷遺跡 III 緊急発掘調査報告書』(松本市文化財調査報告 138) 1999	?

遺跡名	所在地	調査機関	調査次数	出土年	点数
武蔵国府関連遺跡（東京競馬場）	東京都府中市	府中市遺跡調査会	1038次	1998～99	1
武蔵国府関連遺跡（東京競馬場）	東京都府中市	府中市遺跡調査会	1197次	2002	1
落川遺跡	東京都日野市	日野市落川遺跡調査会		1984	1
栄町遺跡	東京都日野市	日野市栄町遺跡調査会		1989	1
多摩ニュータウン No. 107 遺跡	東京都八王子市	㈶東京都教育文化財団東京都埋蔵文化財センター		1988～89	1
東ノ上遺跡	埼玉県所沢市	所沢市教育委員会	53次	1993	1
中堀遺跡	埼玉県児玉郡上里町	㈶埼玉県埋蔵文化財調査事業団		1991～94	1
一天狗遺跡	埼玉県鶴ヶ島市	埼玉県鶴ヶ島市遺跡調査会		1992	1
若宮遺跡４区	埼玉県坂戸市	坂戸市教育委員会		2003	1
印内台遺跡	千葉県船橋市	船橋市教育委員会	11次	1991	1
南作遺跡	千葉県四街道市	㈶印旛郡市文化財センター		1997～99	1
大袋腰巻遺跡	千葉県成田市	㈶印旛郡市文化財センター		1984～96	1
君作遺跡	千葉県我孫子市	我孫子市教育委員会	5次	1997	1
鹿の子C遺跡	茨城県石岡市	㈶茨城県教育財団		1980～81	289
鹿の子C遺跡	茨城県石岡市	石岡市教育委員会	2次	1983	1
鹿の子遺跡	茨城県石岡市	石岡市教育委員会	2次	1985	1
鹿の子遺跡	茨城県石岡市	石岡市教育委員会	3次	1986	6
源氏平遺跡	茨城県那珂郡大宮町（現常陸大宮市）	大宮町教育委員会		1983	1
下土師東遺跡	茨城県東茨城郡茨城町	㈶茨城県教育財団		2005～07	1
中原遺跡	茨城県つくば市	㈶茨城県教育財団		1997～98	1
船窪遺跡	茨城県ひたちなか市	ひたちなか市埋蔵文化財調査センター		1997～01	1
柳遺跡	滋賀県草津市	草津市教育委員会	13次		
下神遺跡	長野県松本市	㈶長野県埋蔵文化財センター		1986	3
南栗・北栗遺跡	長野県松本市	松本市教育委員会		1984	1
平田本郷遺跡	長野県松本市	松本市教育委員会		1997～98	1

遺跡の時代	遺跡の性格	出土遺構	報告書等	釈文
古墳～平安時代	官衙跡	溝・土坑	長野県埋蔵文化財センター『一般国道18号坂城更埴バイパス埋蔵文化財発掘調査報告書1　社宮司遺跡ほか』(長野県埋蔵文化財センター発掘調査報告書78) 2006	231
古墳～平安時代	集落跡	土坑	小諸市教育委員会『東小原・大下原・竹花・舟窪・大塚原』(小諸市埋蔵文化財発掘調査報告書17) 1994	232
奈良～平安時代	水田・集落跡	土坑	㈶群馬県埋蔵文化財調査事業団『下小鳥遺跡』(㈶群馬県埋蔵文化財調査事業団調査報告119) 1991	233
奈良時代	集落跡	住居跡	㈶群馬県埋蔵文化財調査事業団『矢部遺跡』(㈶群馬県埋蔵文化財調査事業団調査報告書532) 2012	233
奈良～平安時代	集落跡		㈶群馬県埋蔵文化財調査事業団『福島曲戸遺跡・上福島遺跡』(㈶群馬県埋蔵文化財調査事業団調査報告309) 2002	234
平安時代	集落跡		㈶群馬県埋蔵文化財調査事業団『福島飯塚遺跡(1)』(㈶群馬県埋蔵文化財調査事業団調査報告書400) 2007	234
平安時代	集落跡	住居跡	㈶群馬県埋蔵文化財調査事業団『東今泉鹿島遺跡』(㈶群馬県埋蔵文化財調査事業団調査報告書403) 2007	235
平安時代	集落跡	古代遺物包含層	㈶群馬県埋蔵文化財調査事業団『上大塚南原遺跡・鮎川藤ノ木遺跡』(㈶群馬県埋蔵文化財調査事業団調査報告書392) 2007	235
奈良～平安時代	集落跡	溝	新田町教育委員会『中江田遺跡群　中江田宿通遺跡・中江田本郷遺跡・中江田原遺跡・中江田A遺跡』(新田町文化財調査報告書16) 1997	?
奈良時代	集落跡	住居跡	㈶群馬県埋蔵文化財調査事業団『多胡蛇黒遺跡』(㈶群馬県埋蔵文化財調査事業団調査報告書146) 1993	?
奈良時代	牧・集落跡	竪穴住居	富岡市教育委員会『上高田熊野上遺跡　松義中部地区遺跡群I』(富岡市埋蔵文化財発掘調査報告書34) 2012	236
奈良～平安時代	官衙跡	土坑・溝	栃木県教育委員会『下野国府跡VII　木簡・漆紙文書調査報告』(栃木県埋蔵文化財調査報告74) 1987	237
奈良～平安時代	官衙跡	土坑	栃木市教育委員会『史跡下野国庁跡I』1987	246
奈良～平安時代	寺院跡	溝	栃木県教育委員会『下野国分寺跡II』1986 佐藤宗諄・橋本義則「漆紙文書集成」(『木簡研究』9, 1987)	?
古墳～奈良時代	集落跡	竪穴住居	栃木県教育委員会『栃木県埋蔵文化財保護行政年報　平成4年度』1994 栃木県立博物館『掘り出された「文字」』2000	251
平安時代	集落跡	竪穴住居	栃木県立博物館『掘り出された「文字」』2000 ㈶栃木県文化振興事業団埋蔵文化財センター『東谷・中島地区遺跡群No. 1 磯岡遺跡(I区)』(栃木県埋蔵文化財調査報告229) 1999	252
奈良～平安時代	集落跡	竪穴住居	山口耕一「多功南原遺跡出土の文字資料について」(㈶とちぎ生涯学習文化財団埋蔵文化財センター『研究紀要』9, 2001)	253
奈良～平安時代	集落跡	竪穴住居	栃木県教育委員会『河内郡上三川町上三川高校地内遺跡調査報告』1985	?
奈良時代	集落跡	竪穴住居	㈶とちぎ生涯学習文化財団埋蔵文化財センター『西赤堀遺跡』(栃木県埋蔵文化財調査報告304) 2007	?
奈良時代	集落跡	竪穴住居	栃木県教育委員会『栃木県埋蔵文化財保護行政年報26　平成14年度』2004 石橋町教育委員会『東林遺跡』(石橋町埋蔵文化財発掘調査報告書4) 2003	253
奈良～平安時代	官衙跡	竪穴住居	栃木県教育委員会・㈶とちぎ生涯学習文化財団埋蔵文化財センター『長者ヶ平遺跡』(栃木県埋蔵文化財調査報告300) 2007	254
平安時代	集落跡	竪穴住居	壬生町教育委員会『宮の森集落遺跡群』(壬生町埋蔵文化財報告書6) 1989	?
奈良～平安時代	集落跡	竪穴住居	福島県教育委員会『関和久上町遺跡II』(福島県文化財調査報告書137) 1984	255

遺跡名	所在地	調査機関	調査次数	出土年	点数
社宮司遺跡	長野県千曲市	㈶長野県埋蔵文化財センター		2001	3
竹花遺跡	長野県小諸市	小諸市教育委員会		1990	1
下小鳥遺跡	群馬県高崎市	㈶群馬県埋蔵文化財調査事業団	2次	1983～84	1
矢部遺跡	群馬県太田市	㈶群馬県埋蔵文化財調査事業団		2005	2
福島曲戸遺跡	群馬県佐波郡玉村町	㈶群馬県埋蔵文化財調査事業団		1998～2000	6
福島飯塚遺跡	群馬県佐波郡玉村町	㈶群馬県埋蔵文化財調査事業団		1999	1
東今泉鹿島遺跡	群馬県太田市	㈶群馬県埋蔵文化財調査事業団		2003	1
上大塚南原遺跡	群馬県藤岡市	㈶群馬県埋蔵文化財調査事業団		2005～06	1
中江田原遺跡	群馬県新田郡新田町（現太田市）	新田町教育委員会		1987～92	1
多胡蛇黒遺跡	群馬県多野郡吉井町（現高崎市）	㈶群馬県埋蔵文化財調査事業団		1988～91	1
上高田熊野上遺跡	群馬県富岡市	富岡市教育委員会		2010	1
下野国府跡	栃木県栃木市	栃木県教育委員会・㈶栃木県文化振興事業団	2・3，18次	1977～78，1981	108
下野国庁跡	栃木県栃木市	栃木市教育委員会	37次	1986	26
下野国分寺跡	栃木県栃木市	栃木県教育委員会・㈶栃木県文化振興事業団		1984	
上宿遺跡	栃木県那須郡小川町	小川町教育委員会		1992	1
磯岡遺跡Ⅰ区	栃木県河内郡上三川町	栃木県教育委員会・㈶栃木県文化振興事業団		1995～96	2
多功南原遺跡	栃木県河内郡上三川町	上三川町教育委員会		1973～74	1
上三川高校地内遺跡	栃木県河内郡上三川町	栃木県教育委員会・㈶栃木県文化振興事業団		1983	1
西赤堀遺跡	栃木県河内郡上三川町	㈶とちぎ生涯学習文化財団埋蔵文化財センター・栃木県教育委員会		2002	1
東林遺跡	栃木県下都賀郡石橋町（現下野市）	石橋町教育委員会		2002	1
長者ヶ平遺跡	栃木県那須烏山市	㈶とちぎ生涯学習文化財団埋蔵文化財センター・栃木県教育委員会		2001～06	1
宮の森集落遺跡群東林北遺跡	栃木県下都賀郡壬生町	壬生町教育委員会・宇都宮市教育委員会・日本窯業史研究所		1986～88	1
関和久上町遺跡	福島県西白河郡泉崎村	福島県教育委員会	2次	1983	1

遺跡の時代	遺跡の性格	出土遺構	報告書等	釈文
古代	郡家関連施設	表土	いわき市教育委員会・㈶いわき市教育文化事業団『荒田目条里制遺構・砂畑遺跡』(いわき市埋蔵文化財調査報告 84) 2002	255
奈良～平安時代	集落跡	焼土遺構	会津若松市教育委員会『若松北部地区県営ほ場整備事業　発掘調査概報 IV』(会津若松市文化財調査報告書 46) 1996 同『矢玉遺跡』(会津若松市文化財調査報告書 61) 1999	256
奈良～平安時代	官衙跡	建物上の黒土層	双葉町教育委員会『郡山五番遺跡 III』1980	?
古墳～平安時代	集落跡	竪穴住居	㈶福島県文化センター『国営総合農地開発事業　母畑地区遺跡発掘調査報告 III』(福島県文化財調査報告書 74) 1979	?
奈良～平安時代	集落跡	竪穴住居	㈶福島県文化センター『国営総合農地開発事業　母畑地区遺跡発掘調査報告』36 (福島県文化財調査報告書 305) 1995	?
平安時代	寺院跡	遺物包含層	磐梯町教育委員会『史跡慧日寺跡 XIV』1999	?
奈良時代	集落跡	特殊遺構	須賀川市教育委員会『福島空港アクセス道路関連遺跡発掘調査報告 1』1993	△
奈良～平安時代	城柵跡	瓦溜・焼土層	宮城県多賀城跡調査研究所『多賀城漆紙文書』1979	257
奈良～平安時代	城柵跡	土坑	宮城県多賀城跡調査研究所『多賀城漆紙文書』1979 同『多賀城跡　宮城県多賀城跡調査研究所年報 2006』2007	272
奈良～平安時代	城柵跡	土坑	宮城県多賀城跡調査研究所『多賀城漆紙文書』1979	273
奈良～平安時代	城柵跡	土坑	宮城県多賀城跡調査研究所『多賀城漆紙文書』1979	273
奈良～平安時代	城柵跡	土坑	宮城県多賀城跡調査研究所『多賀城漆紙文書』1979	274
奈良～平安時代	城柵跡	整地層	宮城県多賀城跡調査研究所『多賀城漆紙文書』1979	275
奈良～平安時代	城柵跡	竪穴住居	宮城県多賀城跡調査研究所『多賀城跡　宮城県多賀城跡調査研究所年報 1989』1990	276
奈良～平安時代	城柵跡	溝	宮城県多賀城跡調査研究所『多賀城跡　宮城県多賀城跡調査研究所年報 1990』1991	277
奈良～平安時代	城柵跡	井戸	宮城県多賀城跡調査研究所『多賀城跡　宮城県多賀城跡調査研究所年報 1991』1992	279
奈良～平安時代	城柵跡	自然堆積層	宮城県多賀城跡調査研究所『多賀城跡　宮城県多賀城跡調査研究所年報 1991』1992	281
奈良～平安時代	城柵跡	竪穴住居・土坑	宮城県多賀城跡調査研究所『多賀城跡　宮城県多賀城跡調査研究所年報 1992』1993	282
奈良～平安時代	城柵跡	竪穴住居・土坑	宮城県多賀城跡調査研究所『多賀城跡　宮城県多賀城跡調査研究所年報 1994』1995	283
奈良～平安時代	城柵跡		宮城県多賀城跡調査研究所『多賀城跡　宮城県多賀城跡調査研究所年報 1999』2000	284
奈良～平安時代	城柵跡	土坑・溝	宮城県多賀城跡調査事務所『多賀城跡　宮城県多賀城跡調査研究所年報 2007』2008	284
奈良～平安時代	寺院跡	経楼基壇の穴	佐藤宗諄・橋本義則「漆紙文書集成」(『木簡研究』9，1987)	? 287
奈良～平安時代	集落跡	河川跡・包含層	宮城県教育委員会『山王遺跡　仙塩道路建設関係遺跡　八幡地区調査概報』(宮城県文化財調査報告書 138) 1990，同『山王遺跡　仙塩道路建設関係遺跡　平成 3 年度調査概報』(宮城県文化財調査報告書 147) 1992，同『山王遺跡 V』(宮城県文化財調査報告書 174) 1997	287
奈良～平安時代	集落跡	土坑	宮城県教育委員会『山王遺跡 V』(宮城県文化財調査報告書 174) 1997	289
奈良～平安時代	集落跡	土坑	宮城県教育委員会『山王遺跡　八幡地区の調査　県道泉塩釜線関連調査報告書 I』(宮城県文化財調査報告書 162) 1994	290
奈良～平安時代	集落跡	土坑・溝・掘立柱建物柱穴	宮城県教育委員会『山王遺跡 III　多賀前地区遺物編』(宮城県文化財調査報告書 170) 1996 同『山王遺跡 IV　多賀前地区考察編』(宮城県文化財調査報告書 171) 1996	291

遺跡名	所在地	調査機関	調査次数	出土年	点数
荒田目条里制遺構・砂畑遺跡	福島県いわき市	㈶いわき市教育文化事業団		1988～95	1
矢玉遺跡	福島県会津若松市	会津若松市教育委員会		1994	1
郡山五番遺跡	福島県双葉郡双葉町	双葉町教育委員会		1979	1
板倉前B遺跡	福島県白河市	福島県教育委員会・㈶福島県文化センター		1978	1
正直C遺跡	福島県郡山市	㈶福島県文化センター		1994	1
慧日寺跡	福島県耶麻郡磐梯町	磐梯町教育委員会		1998	1
松原遺跡	福島県須賀川市	須賀川市教育委員会		1991～92	1
多賀城跡	宮城県多賀城市	宮城県多賀城跡調査研究所	9次	1970	95
多賀城跡	宮城県多賀城市	宮城県多賀城跡調査研究所	21次	1973	1
多賀城跡	宮城県多賀城市	宮城県多賀城跡調査研究所	23次	1974	2
多賀城跡	宮城県多賀城市	宮城県多賀城跡調査研究所	28次	1976	1
多賀城跡	宮城県多賀城市	宮城県多賀城跡調査研究所	30次	1977	3
多賀城跡	宮城県多賀城市	宮城県多賀城跡調査研究所	31次	1977	1
多賀城跡	宮城県多賀城市	宮城県多賀城跡調査研究所	56次	1989	1
多賀城跡	宮城県多賀城市	宮城県多賀城跡調査研究所	58次	1990	1
多賀城跡	宮城県多賀城市	宮城県多賀城跡調査研究所	60次	1991	10
多賀城跡	宮城県多賀城市	宮城県多賀城跡調査研究所	61次	1991	1
多賀城跡	宮城県多賀城市	宮城県多賀城跡調査研究所	62次	1992	5
多賀城跡	宮城県多賀城市	宮城県多賀城跡調査研究所	65次	1994	5
多賀城跡	宮城県多賀城市	宮城県多賀城跡調査研究所	70次	1999	断片のみ
多賀城跡	宮城県多賀城市	宮城県多賀城跡調査事務所	78次	2006	3
多賀城廃寺	宮城県多賀城市	宮城県教育委員会			
山王遺跡	宮城県多賀城市	宮城県教育委員会・多賀城市教育委員会	八幡地区1～4次	1989～94	5
山王遺跡	宮城県多賀城市	宮城県教育委員会	伏石地区1・2次	1993～94	6
山王遺跡	宮城県多賀城市	宮城県教育委員会		1992～93	1
山王遺跡	宮城県多賀城市	宮城県教育委員会		1992～94	14

遺跡の時代	遺跡の性格	出土遺構	報告書等	釈文
奈良～平安時代	集落跡	土坑	宮城県教育委員会『山王遺跡伊勢地区の調査　県道泉塩釜線関連調査報告書 V』（宮城県文化財調査報告書 198）2004	? 296
奈良～平安時代	集落跡	溝	多賀城市埋蔵文化財調査センター『山王遺跡 I』（多賀城市文化財調査報告書 45）1997	296
奈良～平安時代	集落跡	河川跡・土坑	多賀城市埋蔵文化財調査センター『山王遺跡 I』（多賀城市文化財調査報告書 45）1997	299
奈良～平安時代	集落跡	土坑	多賀城市教育委員会『山王遺跡第 66・68 次発掘調査報告書』（多賀城市文化財調査報告書 100）2010	302
奈良～平安時代	集落跡	河川跡・土坑	『木簡研究』21，1999 宮城県教育委員会『市川橋遺跡　県道泉塩釜線関連調査報告書 III』（宮城県文化財調査報告書 184）2000	303
奈良～平安時代	集落跡	土坑	宮城県教育委員会『市川橋遺跡の調査　県道泉塩釜線関連調査報告書 VII』（宮城県文化財調査報告書 218）2009	305
奈良～平安時代	集落跡	水田跡	多賀城市埋蔵文化財調査センター『市川橋遺跡　平成元年度発掘調査報告書』（多賀城市文化財調査報告書 21）1990	306
奈良～平安時代	集落跡		多賀城市埋蔵文化財調査センター『市川橋遺跡第 23・24 次調査報告書』（多賀城市文化財調査報告書 55）1999	△
奈良～平安時代	集落跡	溝・土坑・井戸・竪穴住居・その他	多賀城市埋蔵文化財調査センター『市川橋遺跡　城南土地区画整理事業に係る発掘調査報告書 I』（多賀城市埋蔵文化財調査報告書 60）2001 同『市川橋遺跡　城南土地区画整理事業に係る発掘調査報告書 III』（多賀城市文化財調査報告書 75）2004	306
奈良～平安時代	集落跡		多賀城市埋蔵文化財調査センター 2004 年度速報展示 多賀城市教育委員会『市川橋遺跡ほか　市川橋遺跡第 47 次　高崎遺跡第 43 次　八幡沖遺跡第 4 次』（多賀城市文化財調査報告書 80）2005	?
奈良～平安時代	集落跡	溝	多賀城市教育委員会『多賀城市内の遺跡 2 ――平成 16 年度発掘調査報告書』（多賀城市文化財調査報告書 78）2005	315
奈良～平安時代	集落跡	窪み	多賀城市教育委員会『多賀城市内の遺跡 2 ――平成 20 年度発掘調査報告書』（多賀城市文化財調査報告書 95）2009 同『市川橋遺跡―第 72 次調査―出土の漆紙文書』（多賀城市文化財調査報告書 107）2011	316
平安時代	集落跡	住居跡	多賀城市埋蔵文化財調査センター『年報　平成 5 年度』1995	?
平安時代	集落跡	竪穴住居	多賀城市教育委員会『高崎遺跡第 17 次調査報告書』（多賀城市文化財調査報告書 61）2001	?
平安時代	官衙跡	竪穴住居	仙台市教育委員会『燕沢遺跡』1984	316
江戸時代	武家屋敷跡	土坑	東北大学埋蔵文化財調査研究センター『東北大学埋蔵文化財調査年報』13　2000	317
中世	集落跡	湿地跡	宮城県教育委員会『中野高柳遺跡 II』（宮城県文化財調査報告書 197）2004 『木簡研究』24，2002	△
平安時代	集落跡	竪穴住居	建設省東北地方建設局『釜房ダム水没遺跡発掘調査概報』1970，宮城県多賀城跡調査研究所『研究紀要 VII』1980	317
奈良時代	城柵跡	土坑	田尻町教育委員会『新田柵跡推定地 3 ほか』（田尻町文化財調査報告書 5）2001	318
平安時代	集落跡	竪穴住居	宮城県教育委員会他『七ヶ宿ダム関連小梁川東遺跡現地説明会資料』1982 佐藤宗諄・橋本義則「漆紙文書集成」（『木簡研究』9，1987）	319
平安時代	集落跡	周濠状遺構 土坑	宮城県教育委員会『一本柳遺跡 II』（宮城県文化財調査報告書 185）2001	319
奈良～平安時代	官衙関連遺跡	竪穴住居	宮城県教育委員会『壇の越遺跡ほか』（宮城県文化財調査報告書 195）2003 同『壇の越遺跡ほか』（宮城県文化財調査報告書 202）2005	320

遺跡名	所在地	調査機関	調査次数	出土年	点数
山王遺跡	宮城県多賀城市	宮城県教育委員会		2000〜03	1
山王遺跡	宮城県多賀城市	多賀城市埋蔵文化財調査センター	10次	1990	2
山王遺跡	宮城県多賀城市	多賀城市埋蔵文化財調査センター	17次	1992	6
山王遺跡	宮城県多賀城市	多賀城市埋蔵文化財調査センター	66次	2009	7
市川橋遺跡	宮城県多賀城市	宮城県教育委員会		1998	5
市川橋遺跡	宮城県多賀城市	宮城県教育委員会		2005〜08	2
市川橋遺跡	宮城県多賀城市	多賀城市埋蔵文化財調査センター	7次	1989	1
市川橋遺跡	宮城県多賀城市	多賀城市埋蔵文化財調査センター	23・24次	1998	60
市川橋遺跡	宮城県多賀城市	多賀城市埋蔵文化財調査センター	25〜29次	1998〜2002	13
市川橋遺跡	宮城県多賀城市	多賀城市埋蔵文化財調査センター	47次	2004	1
市川橋遺跡	宮城県多賀城市	多賀城市埋蔵文化財調査センター	50次	2004	1
市川橋遺跡	宮城県多賀城市	多賀城市埋蔵文化財調査センター	72次	2008	1
高崎遺跡	宮城県多賀城市	多賀城市埋蔵文化財調査センター	10次	1993	
高崎遺跡	宮城県多賀城市	多賀城市埋蔵文化財調査センター	17次	1996	1
燕沢遺跡	宮城県仙台市	仙台市教育委員会		1983	1
仙台城二の丸北方武家屋敷跡	宮城県仙台市	東北大学埋蔵文化財調査研究センター		1995〜96	1
中野高柳遺跡	宮城県仙台市	宮城県教育委員会		2001	1
下窪遺跡	宮城県柴田郡川崎町	建設省東北地方建設局		1970	1
新田柵跡推定地	宮城県田尻町（現大崎市）	田尻町教育委員会		1994	1
小梁川遺跡	宮城県刈田郡七ヶ宿町	宮城県教育委員会		1982	1
一本柳遺跡	宮城県遠田郡小牛田町（現美里町）	宮城県教育委員会		1997〜99	3
壇の越遺跡	宮城県加美郡加美町（現宮崎町）	宮城県教育委員会		2001〜02	1

遺跡の時代	遺跡の性格	出土遺構	報告書等	釈文
奈良～平安時代	官衙関連遺跡	竪穴住居・溝	加美町教育委員会『壇の越遺跡 19』（加美町文化財調査報告書 18）2010	321
奈良時代	城柵跡	竪穴住居	宮城県多賀城跡調査研究所『伊治城跡 II』1979	?
平安時代	城柵跡	溝	水沢市教育委員会『胆沢城跡　昭和 56 年度発掘調査概報』1982	323
平安時代	城柵跡	整地層	水沢市教育委員会『胆沢城跡　昭和 56 年度発掘調査概報』1982	323
平安時代	城柵跡	溝・井戸	水沢市教育委員会『胆沢城跡　昭和 56 年度発掘調査概報』1982	324
平安時代	城柵跡	土坑	水沢市教育委員会『胆沢城跡　昭和 56 年度発掘調査概報』1982	325
平安時代	城柵跡	土坑	水沢市教育委員会『胆沢城跡　昭和 57 年度発掘調査概報』1983	325
平安時代	城柵跡	遺物包含層	水沢市教育委員会『胆沢城跡　昭和 57 年度発掘調査概報』1983	? 326
平安時代	城柵跡	土坑他	水沢市教育委員会『胆沢城跡　昭和 58 年度発掘調査概報』1984 佐藤宗諄・橋本義則「漆紙文書集成」（『木簡研究』9，1987）	326
平安時代	城柵跡	土坑	水沢市教育委員会『胆沢城跡　昭和 59 年度発掘調査概報』1985	330
平安時代	城柵跡	井戸	水沢市教育委員会『胆沢城跡　昭和 61 年度発掘調査概報』1987	△ 332
平安時代	城柵跡	土坑	水沢市教育委員会『胆沢城跡　昭和 62 年度発掘調査概報』1988	333
平安時代	城柵跡	地山直上	水沢市教育委員会『胆沢城跡　平成 11 年度発掘調査概報』2000	? 333
平安時代	城柵跡	竪穴住居	矢巾町教育委員会『徳丹城跡　第 54・55・56 次発掘調査』2003	334
平安時代	城柵跡	竪穴住居	岩手県教育委員会『東北縦貫自動車道関係埋蔵文化財調査報告書 XIII　太田方八丁遺跡（志波城跡）』（岩手県文化財調査報告書 68）1982	△
平安時代	集落跡	溝	㈶岩手県文化振興事業団埋蔵文化財センター『志羅山遺跡発掘調査報告書（第 47・56・67・73・80 次調査）』（岩手県文化振興事業団埋蔵文化財調査報告 352）2001	?
平安時代	集落跡	井戸	㈶岩手県文化振興事業団埋蔵文化財センター『泉屋遺跡第 16・19・21 次発掘調査報告書』（岩手県文化振興事業団埋蔵文化財調査報告 399）2003	?
平安時代	集落跡	住居	㈶岩手県文化振興事業団埋蔵文化財センター『岩崎台地遺跡群発掘調査報告書』（岩手県文化振興事業団埋蔵文化財調査報告書 214）1995	?
平安時代	城柵跡	建物柱掘形	酒田市教育委員会『史跡　城輪柵跡　昭和 57 年度発掘調査概報 2』1983	335
奈良～平安時代	官衙跡	溝	山形県教育委員会『生石 2 遺跡　発掘調査報告書 3』（山形県埋蔵文化財調査報告書 117）1987	335
奈良～平安時代			山形市教育委員会・山武考古学研究所『一ノ坪遺跡発掘調査報告書』（山形市埋蔵文化財調査報告書 12）2001	336
平安時代	官衙跡	土坑	米沢市教育委員会『大浦 B 遺跡発掘調査概報 1』1991 同『大浦 B 遺跡発掘調査報告書』1993	336
平安時代	集落跡	（試掘調査）	山形県教育委員会『沼田遺跡発掘調査報告書』（山形県埋蔵文化財調査報告書 78）1984 同『分布調査報告書（10）』（山形県埋蔵文化財調査報告書 74）1983	337
平安時代	官衙か集落か	溝ほか	山形県教育委員会『東田遺跡』（山形県埋蔵文化財調査報告書 165）1991	337

遺跡名	所在地	調査機関	調査次数	出土年	点数
壇の越遺跡	宮城県加美郡加美町（現宮崎町）	加美町教育委員会		2005	3
伊治城跡	宮城県栗原市	宮城県多賀城跡調査研究所	2次	1978	1
胆沢城跡	岩手県水沢市（現奥州市）	水沢市教育委員会	23次	1976	1
胆沢城跡	岩手県水沢市（現奥州市）	水沢市教育委員会	37次	1979	1
胆沢城跡	岩手県水沢市（現奥州市）	水沢市教育委員会	39次	1981	2
胆沢城跡	岩手県水沢市（現奥州市）	水沢市教育委員会	40次	1981	2
胆沢城跡	岩手県水沢市（現奥州市）	水沢市教育委員会	41次	1982	1
胆沢城跡	岩手県水沢市（現奥州市）	水沢市教育委員会	42次	1982	1
胆沢城跡	岩手県水沢市（現奥州市）	水沢市教育委員会	43次	1983	38
胆沢城跡	岩手県水沢市（現奥州市）	水沢市教育委員会	45次	1984	3
胆沢城跡	岩手県水沢市（現奥州市）	水沢市教育委員会	52次	1986	1
胆沢城跡	岩手県水沢市（現奥州市）	水沢市教育委員会	54次	1987	2
胆沢城跡	岩手県水沢市（現奥州市）	水沢市教育委員会	76次	1999	1
徳丹城跡	岩手県紫波郡矢巾町	矢巾町教育委員会	54次	2002	1
太田方八丁遺跡（志波城跡）	岩手県盛岡市	岩手県教育委員会		1976～77	1
志羅山遺跡	岩手県西磐井郡平泉町	㈶岩手県文化振興事業団埋蔵文化財センター	47次	1995	1
泉屋遺跡	岩手県西磐井郡平泉町	㈶岩手県文化振興事業団埋蔵文化財センター	16次	1996	1
岩崎台地遺跡群	岩手県北上市	㈶岩手県文化振興事業団埋蔵文化財センター		1988～91	1
城輪柵跡	山形県酒田市	酒田市教育委員会	29次	1982	1
生石2遺跡	山形県酒田市	山形県教育委員会・山形県埋蔵文化財緊急調査団	3次	1986	1
一ノ坪遺跡	山形県山形市	山形市教育委員会・山武考古学研究所		2000	1
大浦B遺跡	山形県米沢市	米沢市教育委員会	4次	1989	2
沼田遺跡	山形県飽海郡八幡町（現酒田市）	山形県教育委員会		1983	1
東田遺跡	山県件飽海郡遊佐町	山形県教育委員会		1990	2

遺跡の時代	遺跡の性格	出土遺構	報告書等	釈文
平安時代	集落跡	土坑	山形県教育委員会『熊野田遺跡第 3 次発掘調査報告書』（山形県埋蔵文化財調査報告書 146）1989	△
奈良～平安時代	城柵跡	竪穴住居	秋田市教育委員会・秋田城跡発掘調査事務所『秋田城出土文字資料集』1984	338
奈良～平安時代	城柵跡	築地崩壊土	秋田市教育委員会・秋田城跡発掘調査事務所『秋田城出土文字資料集』1984	338
奈良～平安時代	城柵跡	塀柱掘形ヵ	秋田市教育委員会・秋田城跡発掘調査事務所『秋田城出土文字資料集』1984	340
奈良～平安時代	城柵跡	沼沢跡	秋田市教育委員会・秋田城跡発掘調査事務所『秋田城跡　昭和 59 年度秋田城跡発掘調査概報』1985	340
奈良～平安時代	城柵跡	表土，耕作土	秋田市教育委員会・秋田城跡発掘調査事務所『秋田城跡　昭和 59 年度秋田城跡発掘調査概報』1985	341
奈良～平安時代	城柵跡	土取り穴	秋田市教育委員会・秋田城跡発掘調査事務所『秋田城出土文字資料集 II』1992 同『秋田城跡　平成 12 年度秋田城跡発掘調査概報』2001	341 350
奈良～平安時代	城柵跡	竪穴住居	秋田市教育委員会・秋田城跡発掘調査事務所『秋田城跡　平成 5 年度秋田城跡発掘調査概報』1994	△ 345
奈良～平安時代	城柵跡	竪穴住居・土坑	秋田市教育委員会・秋田城跡発掘調査事務所『秋田城跡　平成 10 年度秋田城跡発掘調査概報』1999 同『秋田城出土文字資料集 III』2000	346
奈良～平安時代	城柵跡	土坑	秋田市教育委員会・秋田城跡発掘調査事務所『秋田城跡　平成 11 年度秋田城跡発掘調査概報』2000	349
奈良～平安時代	城柵跡	土坑	秋田市教育委員会・秋田城跡発掘調査事務所『秋田城跡　平成 12 年度秋田城跡発掘調査概報』2001	353
奈良～平安時代	城柵跡	遺構外	秋田県教育庁払田柵跡調査事務所『払田柵跡 II』（秋田県文化財調査報告書 289）1999	353
奈良～平安時代	城柵跡	竪穴住居・掘り込み	秋田県教育庁払田柵跡調査事務所『払田柵跡 II』（秋田県文化財調査報告書 289）1999	354
奈良～平安時代	城柵跡	竪穴状遺構	秋田県教育庁払田柵跡調査事務所『払田柵跡　第 122 次～124 次調査概要』（秋田県文化財調査報告書 379）2004	355
奈良～平安時代	官衙関連遺跡	河川跡	秋田県埋蔵文化財センター『中谷地遺跡　日本海沿岸東北自動車道に係る埋蔵文化財発掘調査報告書 VII』（秋田県文化財調査報告書 316）2001	355
中世	集落跡		青森市教育委員会『石江遺跡群発掘調査報告書 III』（青森市埋蔵文化財発掘調査報告書 107）2011 同『石江遺跡群発掘調査報告書 IV』（青森市埋蔵文化財発掘調査報告書 108）2011	△
奈良～平安時代	官衙跡か	遺物包含層・性格不明遺構	小浜市教育委員会『西縄手下遺跡発掘調査報告書 II』2009	△
古代	集落跡	溝	福井市文化財保護センター『高柳遺跡発掘調査報告書』2011 福井市立郷土歴史博物館『古代越前の文字』（展示図録）2012	△
奈良～平安時代	官衙跡	包含層	石川県立埋蔵文化財センター『戸水 C 遺跡　平成 2・3 年度発掘調査報告書』1993	356
奈良～平安時代	官衙跡	溝	石川県立埋蔵文化財センター『戸水 C 遺跡　平成 2・3 年度発掘調査報告書』1993	356
奈良～平安時代	集落跡	溝	㈳石川県埋蔵文化財保存協会『年報 6　平成 6 年度』1995	357
平安時代	集落跡	土坑	㈶石川県埋蔵文化財センター『石川県埋蔵文化財情報』8 2002	357
中世	居館跡	溝	金沢市埋蔵文化財センター『堅田 B 遺跡 II（本文・遺物編）』（金沢市文化財紀要 213）2004	△
奈良～平安時代	集落跡	溝	高岡市教育委員会『石塚遺跡・東木津遺跡調査報告』（高岡市埋蔵文化財調査報告 7）2001 『木簡研究』23，2001	358

遺跡名	所在地	調査機関	調査次数	出土年	点数
熊野田遺跡	山形県山形市	山形県教育委員会	3次	1988	1
秋田城跡	秋田県秋田市	秋田市教育委員会・秋田城跡発掘調査事務所	24次	1978	1
秋田城跡	秋田県秋田市	秋田市教育委員会・秋田城跡発掘調査事務所	36次	1982	2
秋田城跡	秋田県秋田市	秋田市教育委員会・秋田城跡発掘調査事務所	38次	1983	1
秋田城跡	秋田県秋田市	秋田市教育委員会・秋田城跡発掘調査事務所	39次	1984	2
秋田城跡	秋田県秋田市	秋田市教育委員会・秋田城跡発掘調査事務所	40次	1984	1
秋田城跡	秋田県秋田市	秋田市教育委員会・秋田城跡発掘調査事務所	54次	1989～90	11
秋田城跡	秋田県秋田市	秋田市教育委員会・秋田城跡発掘調査事務所	60次	1993	8
秋田城跡	秋田県秋田市	秋田市教育委員会・秋田城跡発掘調査事務所	72次	1998	34
秋田城跡	秋田県秋田市	秋田市教育委員会・秋田城跡発掘調査事務所	75次	1999	1
秋田城跡	秋田県秋田市	秋田市教育委員会・秋田城跡発掘調査事務所	73次	2000	1
払田柵	秋田県仙北郡仙北町（現大仙市）	秋田県教育庁払田柵跡調査事務所	93次	1992	1
払田柵	秋田県仙北郡仙北町（現大仙市）	秋田県教育庁払田柵跡調査事務所	100次	1994	4
払田柵	秋田県仙北郡仙北町（現大仙市）	秋田県教育庁払田柵跡調査事務所	122次	2003	1
中谷地遺跡	秋田県南秋田郡五城目町	秋田県埋蔵文化財センター		1999	1
新田(1)遺跡	青森県青森市	青森市教育委員会		2004	1
西縄手下遺跡	福井県小浜市	小浜市教育委員会	2次	2007	3
高柳遺跡	福井県福井市	福井市文化財保護センター	17次	2002	1
戸水C遺跡	石川県金沢市	石川県立埋蔵文化財センター		1991	1
戸水C遺跡	石川県金沢市	石川県立埋蔵文化財センター		1992	1
加茂遺跡	石川県河北郡津幡町	㈳石川県埋蔵文化財保存協会	4次	1994	1
加茂遺跡	石川県河北郡津幡町	㈶石川県埋蔵文化財センター	7次	2001	1
堅田B遺跡	石川県金沢市	金沢市埋蔵文化財センター		2000	7
東木津遺跡	富山県高岡市	高岡市教育委員会		1998	2

遺跡の時代	遺跡の性格	出土遺構	報告書等	釈文
平安時代		土坑	富山市教育委員会『富山市開ヶ丘中山 I 遺跡・開ヶ丘中山 IV 遺跡・開ヶ丘中遺跡・開ヶ丘狐谷遺跡発掘調査報告書』（富山市埋蔵文化財調査報告 120）2002	?
奈良時代	集落跡	溝	富山県教育委員会『都市計画街路七美・太閤山・高岡線内遺跡群発掘調査概要 5』1987	?
平安時代	豪族居宅跡	掘立柱建物 雨落溝	和島村教育委員会『門新遺跡』（和島村埋蔵文化財調査報告書 4）1995 長岡市立科学博物館『長岡市立科学博物館研究報告』42，2007	359
奈良～平安時代	官衙跡	井戸埋土	和島村教育委員会『下ノ西遺跡』（和島村埋蔵文化財調査報告書 7）1998	?
平安時代	集落跡	土坑	新発田市教育委員会『桑ノ口遺跡発掘調査報告書』（新発田市埋蔵文化財調査報告 27）2003	360
中世	城郭跡	堀	新発田市教育委員会『新発田城跡発掘調査報告 2（第 7～10 地点）』（新発田市埋蔵文化財調査報告 17）1997	?
平安時代	遺物包含地	性格不明遺構	新潟市教育委員会『大淵遺跡』1999	361
平安時代	集落跡・工房	溝	㈶新潟県埋蔵文化財調査事業団・㈲山武考古学研究所『西部遺跡 1』2006 ㈶新潟県埋蔵文化財調査事業団『埋文にいがた』54，2006 同『西部遺跡 2』（新潟県埋蔵文化財調査報告書 206）2010	361
中世	集落跡	井戸	新潟県教育委員会・㈶新潟県埋蔵文化財調査事業団『海道遺跡・大塚遺跡』（新潟県埋蔵文化財調査報告書 150）2005	?
			上越市教育委員会『保坂遺跡発掘調査報告書』1997（加茂市教育委員会『馬越遺跡発掘調査報告書』（加茂市文化財調査報告 14）2005 に記述あり）	?
古代	集落跡		吉川町教育委員会『竹直神社遺跡・竹直下片北部遺跡発掘調査報告書』1999（加茂市教育委員会『馬越遺跡発掘調査報告書』（加茂市文化財調査報告 14）2005 に記述あり）	?
古代	集落跡	畝状遺構	加茂市教育委員会『馬越遺跡発掘調査報告書』（加茂市文化財調査報告 14）2005	?
古代	集落跡	溝状遺構	加茂市教育委員会『平成 15 年度加茂市内遺跡確認調査報告書』（加茂市文化財調査報告 15）2005	?
平安時代	官衙跡	溝埋土上面	島根県教育庁埋蔵文化財調査センター『史跡出雲国府跡 1』2003	363
奈良～平安時代	官衙跡	土坑	島根県教育庁埋蔵文化財調査センター『史跡出雲国府跡 7』2011	363
奈良時代	官衙跡		島根県教育庁埋蔵文化財調査センター『青木遺跡 II』2006	365
鎌倉時代	集落跡	堀	岡山県教育委員会『友野散布地　中原遺跡ほか』（岡山県埋蔵文化財発掘調査報告 73）1989	?
室町時代	集落跡	土坑 SK790	広島県草戸千軒町遺跡調査研究所『草戸千軒町遺跡発掘調査報告』IV，1995	?
室町時代	集落跡	池 SG2742	広島県草戸千軒町遺跡調査研究所『草戸千軒町遺跡発掘調査報告』II，1994	?
室町時代	集落跡	土坑 SK3165 溝　SD3190・ 池 SG3200	広島県草戸千軒町遺跡調査研究所『草戸千軒町遺跡発掘調査報告』II，1994 広島県立博物館『草戸木簡集成』3，2004	?
室町時代	集落跡	溝 SD3142	広島県草戸千軒町遺跡調査研究所『草戸千軒町遺跡発掘調査報告』II，1994	?
室町時代	集落跡	土坑 SK3453 溝 SK3490	広島県草戸千軒町遺跡調査研究所『草戸千軒町遺跡発掘調査報告』III，1995	?
室町時代	集落跡	土坑 3740	広島県草戸千軒町遺跡調査研究所『草戸千軒町遺跡第 37～39 次発掘調査概要』（広島県草戸千軒町遺跡調査研究所年報 1987）1989 同『草戸千軒町遺跡発掘調査報告』III，1995 佐藤宗諄・橋本義則「漆紙文書集成」（『木簡研究』9，1987）	366

遺跡名	所在地	調査機関	調査次数	出土年	点数
開ヶ丘中遺跡	富山県富山市	富山市教育委員会		2001	1
黒河尺目遺跡	富山県射水市	富山県教育委員会		1986	1
門新遺跡	新潟県和島村（現長岡市）	和島村教育委員会		1993	9
下ノ西遺跡	新潟県和島村（現長岡市）	和島村教育委員会		1997	1
桑ノ口遺跡	新潟県新発田市	新発田市教育委員会		2001	1
新発田城跡第 8 地点	新潟県新発田市	新発田市教育委員会		1995～96	1
大淵遺跡	新潟県新潟市	新潟市教育委員会		1997～98	1
西部遺跡	新潟県岩船郡神林村（現村上市）	㈶新潟県埋蔵文化財調査事業団 ㈲山武考古学研究所		2006	1
海道遺跡	新潟県上越市	㈶新潟県埋蔵文化財調査事業団		1995～96	1
保坂遺跡	新潟県上越市	上越市教育委員会			
竹直神社遺跡	新潟県中頸城郡吉川町（現上越市）	吉川町教育委員会		1997	1
馬越遺跡	新潟県加茂市	加茂市教育委員会		1998～99	1
馬越遺跡	新潟県加茂市	加茂市教育委員会		2003	1
出雲国府跡	島根県松江市	島根県教育庁埋蔵文化財調査センター		2000	1
出雲国府跡	島根県松江市	島根県教育庁埋蔵文化財調査センター		2009	3
青木遺跡	島根県出雲市	島根県教育庁埋蔵文化財調査センター		2002	2
友野散布地	岡山県英田郡美作町	岡山県教育委員会		1988	1
草戸千軒町遺跡	広島県福山市	広島県草戸千軒町遺跡調査研究所	15 次	1975	
草戸千軒町遺跡	広島県福山市	広島県草戸千軒町遺跡調査研究所	31 次	1982～83	1
草戸千軒町遺跡	広島県福山市	広島県草戸千軒町遺跡調査研究所	34 次	1984～85	
草戸千軒町遺跡	広島県福山市	広島県草戸千軒町遺跡調査研究所	35 次	1985～86	
草戸千軒町遺跡	広島県福山市	広島県草戸千軒町遺跡調査研究所	36 次	1986～87	
草戸千軒町遺跡	広島県福山市	広島県草戸千軒町遺跡調査研究所	37 次	1986～87	2

遺跡の時代	遺跡の性格	出土遺構	報告書等	釈文
室町時代	集落跡	池 SG4415 土坑 SK4423	広島県草戸千軒町遺跡調査研究所『草戸千軒町遺跡発掘調査報告』IV，1995	?
室町時代	集落跡	井戸 SE4930	広島県草戸千軒町遺跡調査研究所『草戸千軒町遺跡発掘調査報告』I，1993	?
室町時代	集落跡	土坑 SK5200	広島県草戸千軒町遺跡調査研究所『草戸千軒町遺跡発掘調査報告』IV，1995	?
室町時代	城跡	井戸	㈶広島県埋蔵文化財調査センター『薬師城跡』（広島県埋蔵文化財調査センター報告書 142）1996	?
奈良～平安時代	官衙跡	溝	九州歴史資料館『大宰府史跡　昭和 56 年度発掘調査概報』1982	367
奈良時代	寺院跡	土坑	九州歴史資料館『観世音寺　遺物編 2』2007	368
奈良時代	官衙跡	溝	久留米市史編纂委員会『久留米市史 12 資料編（考古)』1994	?
平安時代～中世	集落跡		宇佐市教育委員会『藤田遺跡 II　高森城跡』1984 奈良国立文化財研究所『埋蔵文化財ニュース』70，1991	?

遺跡名	所在地	調査機関	調査次数	出土年	点数
草戸千軒町遺跡	広島県福山市	広島県草戸千軒町遺跡調査研究所	42次	1989～90	
草戸千軒町遺跡	広島県福山市	広島県草戸千軒町遺跡調査研究所	45次	1990	1
草戸千軒町遺跡	広島県福山市	広島県草戸千軒町遺跡調査研究所	48次	1993	
薬師城跡	広島県賀茂郡河内町（現東広島市）	㈶広島県埋蔵文化財調査センター		1994	1
大宰府跡	福岡県太宰府市	九州歴史資料館	74次	1981	1
観世音寺	福岡県太宰府市	九州歴史資料館	45次	1977	1
筑後国府跡（前身官司）	福岡県久留米市	久留米市教育委員会			1
藤田遺跡	大分県宇佐市	宇佐市教育委員会		1983	

漆紙文書釈文集成

凡例

一、「漆紙文書集成」には、全国出土の漆紙文書のうち、報告書などで釈文が公表されている史料を対象に収録した。出典の報告書は「漆紙・漆紙文書出土遺跡一覧」を参照されたい。

一、釈文は報告書に従うが、体裁の統一のため記号などの改変を行った。原資料、写真、実測図などと照合して、明らかな誤植などと判断したときは、断りなく修正した場合がある。また、報告書公表後に刊行された自治体史、集成などで釈文が修正されている場合、新しい釈文を採用した場合がある。特に、東北地方出土資料については、青森県『青森県史資料編古代二出土文字資料』（二〇〇八年）の所見を参照した。長岡宮（宮第三四一次調査）・長岡京（左京第五九次調査・第三七三次調査）・市川橋遺跡（多賀城市埋蔵文化財調査センター第二五～二九次調査）などから出土した漆紙文書については、二〇〇六年二月～三月に奈良文化財研究所飛鳥資料館で開催された企画展「うずもれた古文書」の準備過程で実見した際の所見により修正したものがある。その一部は同企画展に反映されている。

一、報告書で、元の字体をそのまま翻刻している場合、当該文字が通用の文字でないときは釈読不能とみなして□に改めたものがある。典籍・具注暦などで欠損部が推定できる場合も、釈文としては採用しなかった。

一、遺跡は都道府県ごとにまとめ、その排列は木簡学会編『木簡研究』に従った。都道府県内での排列は任意である。同一遺跡中では調査機関ごとに調査次数順とした。同次数内では遺構ごとに分け、判明する内容が多い順に排列した。

一、釈文冒頭の和数字（ゴシック）は漆紙文書番号を示す。

一、漆紙文書番号は同一遺跡、同一調査機関ごとに付した。調査機関固有の番号がある場合は、漆紙文書番号を記した行の下部に括弧に入れて併記した。

一、同一文書の断片と推定できる場合でも、接続することが確認できないものは別番号を付した。ただし、調査機関の判断で同一文書の断片として報告されている場合は、一点とした場合もある。その際、個々の断片には枝番号を付した。

一、両面に墨痕がある場合は、a、bで区別した。いずれをaとするかは任意。ただし、一部報告書に従った場合がある。

一、紙の表裏はオモテ面、漆付着面として区別した。漆付着面とは漆容器の蓋紙として用いた際に漆液面に密着していた面、オモテ面はその反対側の面を指す。

一、微細な断簡は煩瑣にわたるので、原則として収録しないこととした。

一、平城宮・京跡出土漆紙文書においては、出土位置を宮内の地区名称または平城京の条坊呼称で示した。奈良（国立）文化財研究所による調査で出土したものについては、下部に奈良（国立）文化財研究所の定めた大地区を示した。大地区冒頭の6は奈良時代を示す。また、釈文末尾のアルファベット二文字と算用数字二字からなる記載は、漆紙文書が出土した中・小地区を示す。

一、釈文の漢字は現行常用字体に改めるのを原則とした。ただし、次に掲げるものについてはもとの字体のまま翻字した。（　）内は現行常用字体。

實（実）　寶（宝）　證（証）　廣（広）　嶋（島）　龍（竜）

一、編者において加えた文字には次の二種類の括弧を施した。括弧は原則として右傍に加えたが、組版の都合上左傍に施した場合もある。

〔　〕校訂に関する註のうち、本文に置き換わるべき文字を含むもの。

（　）右以外の校訂註および説明註。

一、本文に加えた符号は次の通りである。

□□□　完存しない文字のうち、字数の確認できるもの。

［　］　完存しない文字のうち、字数が数えられないもの。

×　欠損または上を覆っている漆膜のために文字を確認することができないが、記載内容からみて、上または下に一字以上の文字を推定できるもの。ただし、微細な断片の場合には省略した。

■■■　抹消により判読が困難なもの。

ミミミ　抹消した文字の字画が明らかな場合に限り、原字の左傍に付した。

「　」　異筆、追筆。

『　』　朱筆。

ヽ　合点。

カ　編者が加えた註で、疑問が残るもの。

ママ　文字に疑問はないが、意味が通じがたいもの。

〔×　〕　文字の上に重書して原字を訂正している場合、訂正箇所の左傍に・を付し、原字を右傍に示した。

一、本集成作成に関する資料整理にあたっては、小池綾子氏の助力を仰いだ。

奈良県・平城宮・京跡出土漆紙文書

奈良（国立）文化財研究所調査
ただし、（七）は大和郡山市教育委員会が発掘し、出土漆紙文書の調査を奈良国立文化財研究所が担当したものである。

（一）左京三条一坊十六坪出土漆紙文書

第三二次調査　6AAI

SK三九九五土坑

一（漆付着面）

×□嶋年九、
小子浮浪和□〔銅カ〕×
×□年十、
小子、
×□安女年□×
正×
×年×
×

RG60

（二）平城宮跡東南隅出土漆紙文書

第三二次補足調査　6AAI

SD四一〇〇A溝

二（オモテ面）

□□
□〔長カ〕□呂　□
□荒□

CJ61

三（オモテ面）

□〔番カ〕厘長

CJ61

（三）左京二条二坊六坪出土漆紙文書　第六八次調査　6ALG

SD五七八〇溝

四（オモテ面）

［　　］

□田八段

□〔麻カ〕□里長谷部赤男戸百廿歩

㊣桑

㊣丘

［　　］□〔歩カ〕

BP56

五a（オモテ面）（口絵2）

□□　卌

□□〔廿カ〕□

寶亀二年

五b（漆付着面）

［　　］

×□〔右カ〕同坊

×□〔手カ〕実

×口弐拾肆人

×人

×人

×定良大小口弐拾肆人

×弐人

×□　一人□〔門カ〕部　八人小子　一人黄□

BP56

(四) 左京八条三坊十坪出土漆紙文書　第九三次調査　6AHJ

SD一一五五溝

六 (オモテ面)

□□□
□ □□
水猪□　HR59

七 (オモテ面)

□〔濃ヵ〕中　HR59

(五) 左京二条二坊十三坪出土漆紙文書　第一三一—三一次調査　6AFF

包含層

八 (オモテ面)

[　　　]
□十一日□〔進ヵ〕分□　FGZ

（六）左京八条一坊六坪出土漆紙文書

第一六〇次調査　6AHL

SB三一九〇掘立柱建物柱穴

九a　（オモテ面）（口絵3）

［　　］
×□×
×□野×
×〈年八／□子〉　一
×千〈年五／小子〉　一□〔十カ〕
×〈年十四／小子〉　一十
×□女〈年八／小女〉　一□
一□　口田□〔部カ〕□糸依女〈年八／小女〉　一十
×〈×十二／小女〉　口□×連×女〈年七／小女〉　一
×連□□女〈×□／□×〉　口□×多麻呂〈年九／小子〉
×田部連□×

九b—1　（漆付着面）

□売年□
□比売年

九b—2　（漆付着面）

□□〔五カ〕□月十六日□
□□□□

QL43

(七) 右京八条一坊十四坪出土漆紙文書

大和郡山市教育委員会調査　6AII

SK二〇〇一土坑

SK二〇〇一は中地区Oに位置するが、小地区については、南北はK~O、東西は44~45に及ぶ。個々の文書の出土地点を特定することは困難であるため、OZZとした。また、一一~五一についても同様のため、中・小地区記載を省略した。

一〇 (漆付着面)

戸主　　OZZ

一一 (オモテ面)

□□□
□部石村戸□
×財女□
□□

一二a (オモテ面)

□富売
足売

一二b (漆付着面)

二□
□□

一三a (オモテ面)

□塩麻×

一三b (漆付着面)

□
□

一四a (オモテ面)

×廣富年×

一四b（漆付着面）

□□〔一カ〕

一五（漆付着面）

□□

一六（オモテ面）

歳

一七a（漆付着面）

□

歳

一七b（オモテ面）

□□

□

一八（漆付着面）

壱拾

□

一九（漆付着面）

壱拾陸□

二〇a（漆付着面）

□参拾

□□

二〇b（オモテ面。aと天地逆）

□□七

二一（漆付着面）

肆
□玖
□漆

二二（オモテ面）

×五
女十一

二三a（オモテ面）

□女

二三b（漆付着面）

□百□
□

二四（オモテ面）

×子
小子

二五（オモテ面）

□子

二六a（オモテ面）

婢

二六b（漆付着面）

□

二七（漆付着面）

□戸

二八（オモテ面）

弐人
□

二九（漆付着面）

×伯陸拾玖斛
×□参升穎稲肆□×

三〇（漆付着面）

□□
□上一
上十三

三一a（オモテ面）

稲十束

三一b（漆付着面）

□□習
□□□

三二（漆付着面）

郡司

三三a（漆付着面）

□□
□奉塩

三三b（オモテ面）

□
□臣
□□

三四　（オモテ面）

□

寮□〔牒カ〕

三五　（漆付着面）

×呂申

□状

三六　（オモテ面）

□

三七　（オモテ面）

淳吉

□淳小

三八（オモテ面）

×□周□×

×正覚明□〔行カ〕×

×道法御□□〔天人カ〕師号仏×

×世天□□□×□梵□〔梵　門　志カ〕従人×

自□□作證　□〔遊カ〕彼説法初妙×

妙□〔義カ〕□□□具□〔足カ〕□浄顕□□×

□□　□〔瞿カ〕曇□×

経文の復元（傍線部は釈読できる文字）

中阿含経巻第五十二大品周那経第五

時如来出世無所著等正覚明行成為善逝

世間解無上士道法御天人師号仏衆祐彼

於此世天及魔梵沙門梵志従人至天自知

自覚自作證成就遊彼説法初妙中妙竟亦

妙有義有文具足清浄顕現梵行彼所説法

東晋罽賓三蔵瞿曇僧伽提婆訳

（ただし、各行の始まりの文字は確定できない）

三九a（オモテ面）

×□×
×廃業×
×□□×

三九b（漆付着面）

□□□
□□

四〇a（オモテ面）

×□時誦習×
×為悦懌　×
×□
×□×

四〇b（漆付着面）

□□ □
□□□

四一a（オモテ面）

×□××□□×
×不知君子不×
×□□×

四一b（漆付着面）

□□〔大豆カ〕小豆

四二a（オモテ面）

×□□
×□也

四二b（漆付着面）

□□

『論語』学而第一何晏集解の復元（口絵4）
（実線は釈読できる文字、点線は残画に矛盾がない文字）

子曰学而時習之不亦悦乎 馬曰子者男子之通称謂孔子也王曰時者学者以時誦習之誦習以時学無廃業所以為悦懌 有朋自遠方来
不亦楽乎 包曰同門曰朋 人不知而不慍不亦
君子乎 慍怒也凡人有所不知君子不怒也

（『論語注疏』〈『十三経注疏』所収〉による。ただし「説」は「悦」に改め、末尾「君子不怒」の下に「也」を加えた）

四三（漆付着面）

□時時□
□歎歎
□□

四四（漆付着面）

□□□
得得得□
□傷傷□
□□□

四五a（オモテ面）

□
得
□

四五b（漆付着面）

□

四六（オモテ面）

得
□〔得カ〕
□為
□

四七（オモテ面）

□〔得カ〕
□□

四八（オモテ面）

□日□
□□

四九（オモテ面）

五□

五〇（オモテ面）

□

五一（漆付着面）

□
□六百

（八）左京二条二坊五坪出土漆紙文書

第二〇四次調査　6AFF

SD五三〇〇濠状遺構

五二（オモテ面）

□

JD28

SD五三一〇濠状遺構

五三（オモテ面）

□□〔埼カ〕
風□

JD34

（九）西隆寺跡出土漆紙文書

第二二八次調査　6BSR

茶褐土下層

五四—1（オモテ面）

×亀九年四月□

QN35

五四—2（オモテ面）

□　□日充十四石五斗
　已上□〔三カ〕人別一升
×□婆夷一人已上三×
□□鉄工二□〔人カ〕

QN35

（一〇）平城宮跡東院地区出土漆紙文書

第二四三・二四五―一次調査　6ALF

SE一六〇三〇井戸

五五（漆付着面）

□志保

AR52

（一一）平城宮跡造酒司推定地南出土漆紙文書

第二五九次調査　6AAD

SD一一六〇〇溝

五六（オモテ面）（口絵1）

×□十二
×□〔伍ヵ〕拾参歩　×得一町一段百八十
×段伯廿参歩　損二　得九段
×□拾肆歩　損三　得二段二百五十二
×拾伍歩　損二　得一町五段□〔一ヵ〕
×損二
×

OA15

（一二）左京二条二坊十三坪出土漆紙文書追加

第一三一―三一次調査　6AFF

排水溝

五七（オモテ面）

〔奴カ〕
□□

FGZ

（一三）左京八条一坊六坪出土漆紙文書追加

第一六〇次調査　6AHL

暗黄褐土

五八（オモテ面）

年□□□
〔残カ〕
□

□□□

「□」

QM41

奈良県・平城京跡出土漆紙文書

奈良市教育委員会調査

（一）平城京左京七条一坊九坪出土漆紙文書

奈良市教育委員会第一二八次調査

一　（オモテ面）（一＋二）

□□□　［　　　］
□□師郷戸主□
近江国神前郡□〔少カ〕□
□
□年十四
□黒子
拾貳
□
左京□□

二　（オモテ面）（三）

［　　　］
□　［　　　］

三　（オモテ面）（四＋五）

三□
□人　二□　［　　　　　　］
□黒万呂　□合卅四□〔人カ〕

四　（オモテ面）（六）

［　　　］　氏賤奴大野年□
右鼻□
磯□　［　　　］

五　（七）

□□

六（八）

□人　□子

七（九）

□□

八（一〇）

□□

九（一一）

□

一〇（一二）

［　　］

一一（一三）

□

一二（一四）

［　　］

(二) 平城京跡左京四条五坊五坪出土漆紙文書

奈良市教育委員会第五一〇次調査

一 (オモテ面)

千

□肆

二a (オモテ面)

□

二b (漆付着面)

奴黒×

奴伯×

奴□

三a (オモテ面)

□□

三b (漆付着面)

婢×

四 (漆付着面)

婢名□

奴□

五 (漆付着面)

男□〔鴨カ〕

男鴨×

六 (漆付着面)

□

□〔男カ〕

七（漆付着面）

□麻〔呂カ〕□

□□

八a（オモテ面）

□八人

□

八b（漆付着面）

□女年十六

□

九（漆付着面）

□〔女カ〕□

□

一〇（漆付着面）

□〔拾カ〕□

一一（漆付着面）

□□

□□

一二（漆付着面）

□□（天地不詳）

一三（漆付着面）

□

(三) 平城京跡右京二条三坊一坪出土漆紙文書

奈良市教育委員会第五一三次調査

一a (オモテ面)

×火執×

×日景子水破　×□〔侯カ〕×

一b (漆付着面)

□〔変カ〕

二a (オモテ面)

×大小×

×
内×鼎　大□

二b (漆付着面)

去就

□

三a (オモテ面)

×成
×□□〔六月カ〕×
温風至侯×

□日庚辰金□　手足
甲　大歳後

×辛巳金開　大歳後天□〔恩カ〕

×□□〔午木カ〕閉　大夫豊　大歳□〔後カ〕×

三b (漆付着面)

位□　□

□

四a（オモテ面）

×後天恩

五a（オモテ面）

三×

六a（オモテ面）

□

六b（漆付着面）

権

具注暦の復元

（ゴシック体は墨痕の残る文字、明朝体は復元可能な文字）

廿九日乙亥火執　　大小

六月　一日景子水破　□〔侯カ〕鼎 内　　大□

二日丁丑水危

三日戊寅土成

四日己卯土成　小暑□□節〔六月カ〕 温風至侯鼎外

□日庚辰金□〔収カ〕　手足 甲　　大歳後

六日辛巳金開　　大歳後天□〔恩カ〕

七日壬□□〔午木カ〕閉　大夫豊　大歳後天恩

京都府・長岡宮跡出土漆紙文書

（財）向日市埋蔵文化財センター調査

（一）長岡宮北辺官衙

宮第三〇一次調査

一

□〔者ヵ〕
哉対日乍言

二

木□
□見年

（二）長岡宮東辺官衙

宮第三二九次調査（八・十）
宮第三四一次調査（三〜七・九・一一）

三―1a（オモテ面）（A―一）

×□延暦九年六月三日死
×□〔六ヵ〕月七日死
×□延暦九年□月七日死

三―2a（オモテ面）（A―二）

□□
□〔年ヵ〕×
□□□篤女　×暦九年六月七×
□年六月□〔八ヵ〕日死

三―3b（漆付着面に反転付着。**三―2**一・二行目の転写）
（A―三）

□□
□□〔年九カ〕
延暦×

三―4a（オモテ面）（A―四）

□
□延暦九年六月□×

三―5b（漆付着面）

□□
□□

四―1a1（オモテ面）（B―一）

戸主□

四―1a2（オモテ面）（B―一）

部□〔広カ〕

四―2b（漆付着面に反転付着。**四―1**の転写）

□□　（左文字）

五―1a（オモテ面）（C―一）

［　　　　］年廿□
□〔年カ〕卌五丁女
延暦九年×

五―2b1（漆付着面に正位文字）（C―二）

年□□〔廿一カ〕

五―2b2（漆付着面に反転付着。別文書の転写）（C―二）

延暦×

×女

五―3a（オモテ面）（C―三）

×十三□〔著ヵ〕女

延暦九年×

五―4b（漆付着面。オモテ面から左文字で観察）

□□

六a（オモテ面）（D）

□

□〔戸〕忍□〔海ヵ〕部□万×

七―1a（オモテ面）（E―一）

秦

七―2a（オモテ面）（E―二）

直□

七―3a（オモテ面）（E―三）

□□

×部吉□

七―4b（漆付着面）（E―四）

□〔四ヵ〕

七―5b（漆付着面）

合五□

七―6b（漆付着面）

酒□

八―1a（オモテ面）（F―一）

□

絁八

八―2a（オモテ面）（F―二）

□□

九b（漆付着面）（G）

[　　]　□

一〇a（オモテ面）（H）

□□

一一b（漆付着面）（I）

□

□□

（三）長岡宮東面北門　　宮第三七三次調査

一二（一一〇）

×□進×

一三（一一一）

×□□×

×食□×

一四（一一二）

×志×

京都府・長岡京跡出土漆紙文書

（財）向日市埋蔵文化財センター調査

（財）京都市埋蔵文化財研究所調査

（財）長岡京市埋蔵文化財センター調査

（一）長岡京跡左京五条四坊一町　　左京第五九次調査

一

尾張連古虫女年陸拾漆歳

×斐連宇陀麻呂年貳拾伍歳　正□〔丁ヵ〕

男志斐連弓麻呂年貳拾貳歳　□丁

男志斐連矢麻呂年貳拾壹□　進正丁

男志斐連嶋守年拾肆歳　小子

男志斐連嶋□〔依ヵ〕年拾貳歳　小子

女志斐連宅女年貳拾参歳　丁女

□□〔小女ヵ〕

二

位　十五人小子　二人緑子
十三人小女　一人緑女
　四人耆女

（二）長岡京跡左京四条二坊十一町

左京第七一次調査
（旧左京四条二坊九町）

三

三□　□

(三) 長岡京跡左京北一条二坊三町

左京第二三〇次調査
(旧左京一条二坊七町)

四

□人□

五

□

(四) 長岡京跡左京一条三坊三町

左京第二八二次調査

六

豊豊
□　□月□

（五）長岡京跡左京六条一坊十町

左京第三三八次調査

七

□□上□
教非□
無数水漿　毫
□乏□□
之□□
□
心弗之　若□
雖闋為　二年
□企及□
□木□
□舎

（六）長岡京跡左京二条二坊八町

左京第三七三次調査

八

×六段郡戸主上継之家作立在也
□大田六段
□××段□□〔荒カ〕一段

（七）長岡京跡右京六条二坊出土漆紙文書

右京第六八八次調査

九（オモテ面）

□長谷
□上又

一〇（オモテ面）

麻呂

一一（オモテ面）

守

一二（オモテ面）

□年

一三（オモテ面）

卌五　□

一四（漆付着面。一三に付着。オモテ面から鏡文字で観察）

年卌□
□

一五（オモテ面）

廿□

一六（オモテ面）

□〔左カ〕耳聾

一七（オモテ面）

□殺□〔残カ〕

一八（オモテ面）

□疾

一九（オモテ面）

□

京都府・近世向日町遺跡出土漆紙文書

（財）向日市埋蔵文化財センター調査

一

□たミなり
□〔母カ〕のかたミハ□〔ケカ〕
我《ワれ》ハなし
□そなる

京都府・平安京跡出土漆紙文書

関西文化財調査会調査

(一) 平安京跡左京八条四坊一町

一

□死
弱世□
□盡

二

□□□
□極□

三

□乃□〔能カ〕

四

□〔国カ〕

五

□
□

兵庫県・吉田南遺跡出土漆紙文書

神戸市教育委員会・吉田片山遺跡調査団調査

一a　（オモテ面）

□
□役分
　蓑□
□□〔漆カ〕村不得故申
　専□

一b　（漆付着面）

（墨痕あり）

兵庫県・豆腐町遺跡出土漆紙文書

姫路市埋蔵文化財センター調査

一a　（オモテ面）

□卌五　正丁
×『志美女年六十□〔八カ〕　耆女』
□行大宅女年卌六　正女
□〔領カ〕行黒麻呂年十七　□〔少カ〕子　今上□
□行椋人年十六　少子
×行坂麻呂年十一□　少子
×女年廿一　正×

一b（漆付着面）

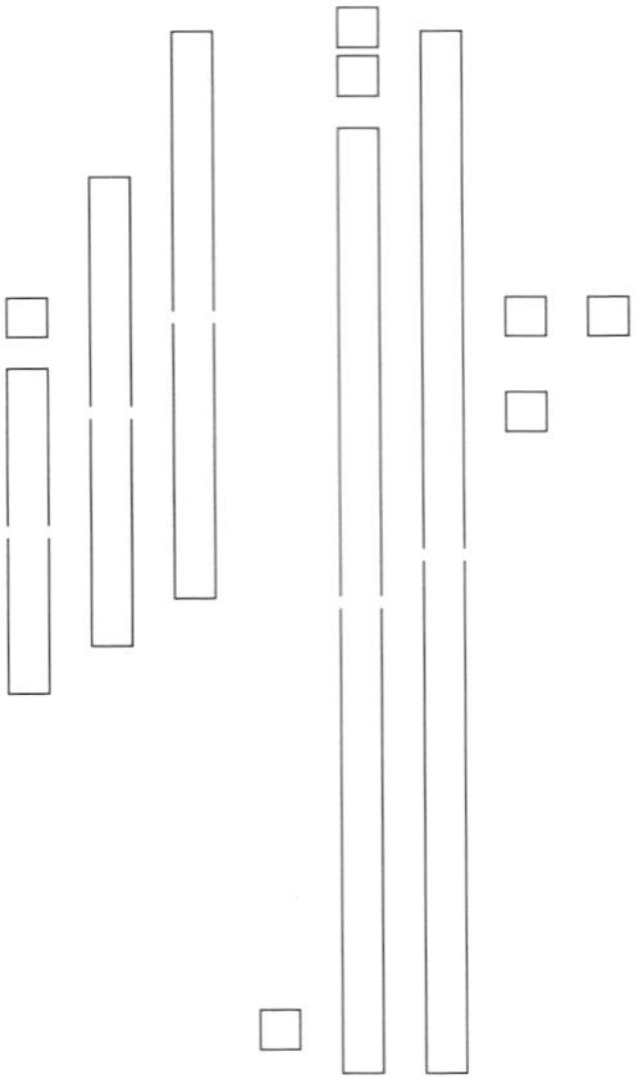

兵庫県・祢布ヶ森遺跡出土漆紙文書

日高町教育委員会調査

一

□太女　十四給
□〔年ヵ〕六十給「卅八」
□六十七給「□〔廿ヵ〕」
　　　　　「六」

山梨県・宮ノ前第三遺跡出土漆紙文書

韮崎市教育委員会・韮崎市遺跡調査会調査

一

□〔奈または祭ヵ〕

山梨県・宮ノ前第五遺跡出土漆紙文書

韮崎市教育委員会調査

一

（墨痕確認できず）

神奈川県・香川・下寺尾遺跡群北B地区出土漆紙文書

香川・下寺尾遺跡群発掘調査団調査

一a（オモテ面）

男

見見□〔見カ〕

我我

□□尊□〔道道尊カ〕

若若

二a（オモテ面）

□　見

二b（漆付着面）

（墨痕あり。釈読できず）

東京都・武蔵台遺跡出土漆紙文書

府中病院内遺跡調査団調査

一

×歳対九坎祭祀移徙吉
×前小歳対母倉往亡療病起土吉
×前小歳対天赦塞穴拝官吉
×道衝陽厭対
×歳前天恩母倉血忌起土療病解除
×歳前天恩×
×歳前天恩×　　　×竈×
×歳前天恩×　×治井竈×
×歳前帰忌×　×竈吉×
×錯厭×
×起土安床帳吉
×加冠拝官入学移徙治井吉
×嫁娶移徙起土×

埼玉県・東の上遺跡出土漆紙文書

所沢市教育委員会調査

一a

×大小歳対

［　　　　　　　　］

×加冠吉　川□〔津カ〕□□□

×懐□□

［　　　　　］

□□□［　　　］

［　　　　］

一b

（馬の絵）

二

□　倉　□

三

□

埼玉県・中堀遺跡出土漆紙文書

（財）埼玉県埋蔵文化財調査事業団調査

一（オモテ面）

□

□□周逢流言

□故讒口鑠於

（右の文字の上から「我」「道」などの習書あり）

二（オモテ面）

（「我」の習書）

埼玉県・一天狗遺跡出土漆紙文書

埼玉県鶴ヶ島市遺跡調査会調査

一a

□

一b

□

千葉県・印内台遺跡出土漆紙文書

船橋市教育委員会調査

一　（オモテ面）

□□

［　　　　］

□〔之カ〕之之之□

□〔須カ〕須須

□□□

（第三・四行の間に重ねて墨痕あり。あるいは紙背か）

茨城県・鹿の子C遺跡出土漆紙文書

（財）茨城県教育財団調査

九号竪穴住居跡

一

□甚□

二

□

三

□

四

雖

一一号竪穴住居跡

五

□□

□□杜□

□□

六―1

□□

□定訖□〔而カ〕□

□

六—2

□　□□

□□□□

七

□□

□□

八

百足進×

百足進上

九

千□

一〇

□

一四号竪穴住居跡

一一

□〔女カ〕

二五号竪穴住居跡

一二

×□〔呂カ〕年貳×

一三

×拾

一四

□

一五

×日　□×

一六

×□〔公ヵ〕　□

二八号竪穴住居跡

一七

×人也×
×□［　］□□〔責同ヵ〕
×□［　］豈×
×兮□×
×□同□〔富ヵ〕×
×□□□〔不ヵ〕□□□×
×背者伯禽×
之子帰魯国□□□〔諫ヵ〕　□□〔庭ヵ〕之□×
□□　驕奢
□伐聖□　□□□　教後
×余以無事之間□侍×
×□　□□×

一八

×楽□×
×□〔子カ〕古人云□〔朋カ〕×
×蔓之□〔借カ〕

一九

×受×

二〇

×□□×
×□不×
×□×

二一

×□□×
×□田万呂×
×□〔部カ〕田虫女年□〔十カ〕×
×子部□〔直カ〕

二二

×老丁

二三

□□〔第カ〕
□
□

二四

×種□

二五―1

×□〔草カ〕□×

×已上□〔八カ〕×

×二□〔段カ〕

×相酒□[　　　]□×

×□〔大カ〕願了即桑麻□〔畠カ〕□□×

×相坐物合稲×

×□[　　]□□×

二五―2

×□部大道□×

×□〔郡カ〕□□□×

二五―3

×小□□×

×[　　]×

宗×

×二月三□〔日カ〕

日奉部真□

二五―4

×月廿四日□×

二九号竪穴住居跡

二六

×□□×
×□餘□×

四二号竪穴住居跡

二七―1

□□里十六田西北角五段
神前里廿五□依田西四段「不」
、二酒田東六段「不一段」
関里二野依田□〔五カ〕段二百歩
×歩「不□□歩」　、十五石田北三百歩
×「□〔不カ〕二百歩」　、十八田東六段「不一段」
×「不一段」　、廿田東二段「不二段」

×田中四段百卅歩「不一段」　、廿三田西四段「不一段」
×池□〔後カ〕田一段二百卌歩「不二段〔ママ〕」　、迫里卅五田西三段〈二百〉卌三歩
×谷俣田東百歩　、真野里二下深田中六十歩
×一段百卌歩「不百卅〈卌〉」　、真野十二田南一段
、十四田東南角二百歩
、中曽祢里廿四道田西北角二段
、廿三田西一段六十歩
×段□〔六カ〕十歩　、十五田一町
×北二百卌歩　、二次里外谷竟田一段百廿歩
□〔依カ〕迫田三百七十歩　、七田東北角六十歩
、卅六家中田北一段
、□里十二池□〔後カ〕田北一段

二七—2

□〔片カ〕山里廿竹依□〔田カ〕×

嶋田里七南里外×

戸主雀マ廣足作田

槻生里卅六野依田七段廿歩

十一葦原田西五段

十五岡田九段百歩

西相尼里十九草□〔苅カ〕田西六段八歩

河曲郷トマ刀良作田真野里十六田四段×

八田北六段　　　十五×

五田一段百五十歩

二八

×田六段

二九

中□×

三〇

□祢里□〔廿カ〕×

四三号竪穴住居跡

三一

×在×
×在在×
×在×
×□〔在カ〕在在在×
×在在在×
×在在在在在×
×在在在在在×
×□〔行カ〕□□×

三二

×□×
×在在×

三三

×在□×

三四

×□□〔循循カ〕×
×□□×

三五

×□□〔循循カ〕×
×□□〔循カ〕×

三六

×□〔成カ〕成×
×成成×

三七

×成□×

×成成×

三八

×□□×

三九

（墨痕多数）

四〇

（墨痕多数）

四一

×□□×

×□□×

四二

×［　　］×

×□□×

四三

×月□〔廿カ〕×

四四

×□□×

×□□〔有カ〕×

四五

×□〔図カ〕×

×□□×

四六

×□×

四七

×二□

四八—1

九

四八—2

□〔野ヵ〕

四五号竪穴住居跡

四九

×□性×

×□廣□□□×

×冤□□□□×

五〇

□

五一

□□

五二

×尼刀自×

×古□×

五三

□

四六号竪穴住居跡

五四

×年肆

×年肆拾

×□拾肆

×肆拾漆

×陸

五五

頸右黒□〔子ヵ〕

正女

右頬×

小子

五五号竪穴住居跡

五六

延暦八年×

五七

□

□〔疑ヵ〕□□

五八

□□□

五九

□□付

六〇

司□

六一

□□〔経カ〕

六二

□□〔拝カ〕

六三

□〔乃カ〕所□
□

六四

□
□□

六五

□□〔用カ〕

五九号工房跡

六六　（六七の紙背、この他「行方」など習書あり）

×市買納財吉
大歳[□□]歳前□倉重厭拝官冊授療□〔病カ〕冠□□×
□〔手カ〕甲　大歳[□□□□]□母倉月徳無翹結婚納財□□□塞×
除手足甲
除手足甲　大歳位小歳前□□解除々服吉
天道東行　宜向東行／及宜修造　天徳在甲　甲上取土／及宜避病　月厭在巳月殺在戌
月徳在甲合在己　己上取土／及宜修□〔造カ〕　月空在庚　庚上取土／及宜修造　三鏡　甲[□□]／庚辛癸
×除　大歳位小歳前壊垣墓葬斬草解除々服吉
大暑六月中／腐草如蛍　大歳位小歳前壊垣[□□□□]解除々×
大歳位[□□]□〔後カ〕結×
沐浴　大歳×
□歳位帰忌九坎斬草吉
大歳位療病垣破屋吉
大歳位拝官結婚納徴掃葬斬草吉
大×

六七　（六六の紙背、この他「常陸」など習書あり）

[□□]部×　□□
□長幡部□[□□]自売×　□□
□〔外カ〕孫長幡部□刀自売年拾貳　□□
□孫長幡[□□]黒×　□□
倭文部真□〔家カ〕刀自売年拾捌　□□
倭文部大刀自売年貳拾壹　□□
倭文部黒[□□]年×　□□
倭文部[□□]栖年□×　□男
倭文部[□□□□]□×　□□
□□〔倭カ〕文部□虫×　□〔中カ〕女
□部□□〔黒栖カ〕年×　□□
×耆老　口二中男
口一×

六八

□□〔買カ〕

六九

□□

七〇

□□〔連カ〕

七一

□□〔礒カ〕

陽

六八号竪穴住居跡

七二

正丁

負□

正女

□

正女

「□」

七三

正□

×□□〔拾捌カ〕

「□」

□課

七三号竪穴住居跡

七四

×□〔家カ〕年貳×　□□
×女年漆　□□
×□部□×　□□
×部家□年貳拾壹　中男
×□□□陸拾　老丁
×□部真刀自女年×　正女
×部浄□×　正丁
×刀自女年□〔貳カ〕□捌　□□
×刀自女年貳拾□　□□
×貳拾壹　□□

七五

×之子
□□〔丈部カ〕尼×
×□〔浄カ〕刀自×

七六

□□□

七七　（七八の紙背）

小三□〔ト カ〕五□

七八　（七七の紙背）

正女

七九

×不課

八〇

×女　□×

×成女□×

八一

×年伍

八二

×肆拾□〔陸カ〕

八三

×肆□〔拾カ〕

八四

×拾貳

八五

×□〔拾カ〕貳

八六

×呂□〔年カ〕

八七

×成□〔女カ〕

八八

□□

八九

□〔作カ〕□

九〇

□□〔徳カ〕

九一

□〔六カ〕人□部×

九二

□□

□〔弘カ〕

九三

□

九四

×十六×

七五―A号竪穴住居跡

九五

［　　　　］年貳拾×　　□□
□占部真妹女年貳拾捌　　□□
妹占部子稲主女年貳拾捌　　正女　右目後黒子
妹占部申虫女年貳拾伍　　正女　碩皆
占部廣刀自売年参拾捌　　正女
生部手古女年陸拾×　　正女「耆女」（重ネ書キ）　右目後黒子
吉弥侯部［　　］拾　　□□「老女」（重ネ書キ）
多治部□□女年肆拾捌　　正女
［　］利刀［　　］貳拾肆　　正女
［　］庭虫女年拾玖　　中女
□治比部虫女年肆拾漆　　正女
［　］真鳥麻呂年漆拾陸　　耆老
［　　　　］麻呂□貳拾×　　□□

九六

×子浜成

九七

之中　一段
者

九八（九九の紙背）

延暦十五年二月二×

九九（九八の紙背）

×□坐□□×

一〇〇（一〇一の紙背）

×□□□

一〇一（一〇〇の紙背）

×里三十×
×□川田

一〇二（一〇三の紙背）

×布□〔二〕段□〔薄カ〕
×□布一段

一〇三（一〇二の紙背）

×税□□□×
×□□□×

一〇四

×□支神□

一〇五

×□〔捌ヵ〕正丁

一〇六

×壹拾玖×

一〇七（一〇八の紙背）

×□□〔酒ヵ〕六×

×□×

一〇八（一〇七の紙背）

×里×

×□〔自ヵ〕

×□□〔郷ヵ〕×

一〇九

×□

一一〇

×□

之×

一一一（一一三の紙背）

×□〔五ヵ〕

×廿　×月十

合卌五

×　×

合卅

一一二（一一四の紙背）

×□□×合卌五
×　×合六十

一一三（一一一の紙背）

□三□×

一一四（一一二の紙背）

合一束
×一束五把
×□□〔束カ〕一束五把

一一五

×□□□×
□〔大カ〕

一一六

□

一一七

×□田売×
×□家□□〔来カ〕□×
×□〔申カ〕訖仍自×
延暦廿□×

一一八

□

一一九（一二〇の紙背）

□□

一二〇（一一九の紙背）

□

一二一

□

七五—B号竪穴住居跡

一二二

□〔村カ〕

一二三

□〔無カ〕

七七号竪穴住居跡

一二四

×挑申□×

×□〔其カ〕料□×

七八号竪穴住居跡

一二五

×過期×

一二六

×仍×

一二七

□

一二八

□□

一二九

□

□□〔解カ〕

一三〇

物□

一三一（一三二の紙背）

□

一三二（一三一の紙背）

□

一三三

□□

一三四

□□

一三五

□

一三六

□

一三七

□□

一三八

□

一三九

□□

一四〇

□〔何カ〕

七九号竪穴住居跡

一四一

□

□□〔九カ〕

□

一四二

□

□□□

一四三

□

八〇号竪穴住居跡

一四四　（一四五の紙背）

□マ宮子女年卅×
公子マ□〔真カ〕広　年廿
□□□□女　□〔年カ〕廿九□×
公□高屋年五十九×
□□□□□
戸主公子マ□□六十×
公子マ×
公子マ真×

一四五　（一四四の紙背）

□珂□〔郡カ〕
□〔合カ〕郷□×
□〔惣カ〕百□〔姓カ〕二百□□□〔人カ〕
□□〔新居カ〕郷百×

八二号竪穴住居跡

一四六

×□〔腰カ〕　銅鈸二□
×□□　頭一□〔較カ〕

九〇号竪穴住居跡

一四七

長谷部×

一四八

□矢田部×

一四九（一五〇の紙背）

×□□〔部カ〕×

一五〇（一四九の紙背）

□□

一五一

×足

九七号竪穴住居跡

一五二

×部黒□〔万カ〕×

一五三

×□□×

九八号竪穴住居跡

一五四

□神人部×

×□〔部カ〕×

一五五

女神人部□〔右カ〕□×

×□□×

一五六

□□

一五七

×足□×

×□×

一五八

×□自×

×□□×

一五九

×□女年×

一六〇

男神人部×

□□×

一六一

×□□□×

×人部□×

一六二

×□廣□×

一六三

□〔男カ〕神×

一六四

×部宅□〔守カ〕×

一六五

□〔男カ〕

一六六

□□

取取

□□〔男男カ〕　□

一六七

□

□□

一六八

□□

一六九

□

九九号竪穴住居跡

一七〇（一七一の紙背）

□

□女

正女

□女

×貳拾×

□

×貳拾×

×□□□×

一七一（一七〇の紙背）

×□占部少船×
×□是尤□〔今カ〕□□□□垂×
×□聴免□□如之不勝□×
×頓首死罪
□×

一七二

□

一七三

□

一七四a

×『〇』廿
×三月五月『〇〇』卅卌
□マ宗足三月五月『〇〇』廿廿
刑マ子宗万呂三月五月『〇〇』卌卅
刑マ□〔綱カ〕人三月五月『〇〇』廿廿
占部羊三月五月『〇〇』廿卅
「刑マ直□□□□□□『〇〇』□□」
□□□□□〔十一人カ〕
□〔仝カ〕刑マ□宿奈万呂三月五月『〇〇』卅卌
刑マ千法女三月五月『〇〇』廿廿
刑マ尼女三月五月『〇〇』廿廿
×三月五月『〇〇』卅卌
×三月五月『〇〇』廿廿
×□月□□『〇〇』廿□

一七四b

×□月□月『○』十十

×女三月五月『○』『○』□□「九月廿八日布一段」

×□□□〔人カ〕「稲五百五十束」

×マ廣足三月五月『○』『○』「卌」廿「九月十二日卅　九月廿九日□×〔布カ〕九×

若桜マ尼□女三月五月『○』『○』「廿」廿　九月廿二日卅　九月廿八日一二こ段」

刑マ三成女三月五月『○』『○』「十」十

刑マ直広足三月五月『○』「卅」卅

刑マ綾万呂□月五月『○』『○』「廿」□十〔カ〕

刑マ廣主三月五月『○』『○』「卅」卅

×□稲虫女三月五月□□

×□三□□五□『○』□

×□

一七五a

×□
×廿
□月卅
×女
三月□
五月□

一七五b

□月十□〔九カ〕
□月十
□月廿
×□

一七六a

×女
三×
五月□
×廿

一七六b

□月『○』□〔卅カ〕
□月　卅
□月　□

一七七a

□×
□×

一七七b

若桜×

一七八a

×女
××

一七八b

×
三×
五×

一七九a

×三月□
×

一七九b

□月□〔廿カ〕

一八〇a

×マ足×
□〔物カ〕マ×

一八〇b

□×

一八一

×□〔女カ〕
三月□
五月□
×自女××

一八二

×□〔廿カ〕
×廿

一八三

□□〔月カ〕□

一八四

×□
×月□

一八五a

□月□
□月□

一八五b

×□
□月□

一八六a

□□〔月ヵ〕□

一八六b

□
□

一八七a

×□□×

一八七b

□

一八八

×□〔女ヵ〕

一八九

□
□　□

一三四—B号竪穴住居跡

一九〇

×日　勅□×

一四三号竪穴住居跡

一九一

□

一九二

□

一四六号工房跡

一九三

×□人

×□□〔位カ〕□×

一九四

×万六千×

×八婢

×神戸口参佰捌拾肆口一百八十六男
口一百九十八女

×萬壹仟陸佰陸拾口□〔八カ〕万三千一百六十八男
口十万六千五百八十二□

×二奴

×十八婢

×□□〔拾カ〕□壹烟定戸

一烟鹿嶋神戸□烟×

×貳烟封戸廿七烟定×

一九五

×部拍□〔戸口カ〕□×

一九六

×□〔男カ〕□×

一九七

×部邊×

一九八

×勝寶×

一四九号竪穴住居跡

一九九

歳□

□

二〇〇

□〔十カ〕二月

二〇一

歳

二〇二

人□

二〇三

□

□〔須カ〕

二〇四

□

二〇五

□

二〇六

□□

二〇七

□

□□

二〇八

□〔大カ〕□

二〇九

□□

二一〇

□□

一五四号竪穴住居跡

二一一（二一二の紙背）

×□〔上カ〕八十九束

×卅五□

×束　□×

二一二（二一一の紙背）

×□□□年五十×

二一三

□

二一四

□

二一五

南一□〔尻カ〕上

南一□〔尻カ〕上　下×

□一□〔尻カ〕上

□〔南〕一□〔尻カ〕上

南一×

□〔合カ〕稲卅束

二一六（二一七の紙背）

×□百六十□〔六カ〕×

合上百六十二束

二一七（二一六の紙背）

×廿五　正□

×□□□年廿四　正□

×□人年廿二□　正□

×□×

二一八

□□□

二一九

×□×

×□〔九ヵ〕段上

×□段上

×□〔二ヵ〕段上□

×稲五十四束

一五八号竪穴住居跡

二二〇（二二一の紙背）

×郡

合廿郷大帳見×

輸調白絁二百□〔八ヵ〕十八疋

紺絁八疋　丁卅二

□絁五匹　丁廿

二三一（二三〇の紙背）

×麻呂□×
×□成　朝妻郷戸主□×
×小龍　廣嶋郷戸主雀×
雀部綾麻呂　八部郷戸主□×
□文部奥成　岡田□戸×
□子部足麻呂×
×黒虫×

二三二―1

大刀　鞆
脛裳　腰縄　頭纒
水甬　塩甬　小鉗　縄解
×部真村年□〔五カ〕十五
弓　□〔箭カ〕　大刀　鞆　弦□〔袋カ〕
□袴　脛裳　腰縄　頭纒
水甬　塩甬　小鉗　縄解
×麻呂年卌五
箭　大刀　鞆
腰縄　頭纒

二二二—2

水甬　塩甬

×衆年卅五

箭　大刀　鞆

□〔脛カ〕裳　腰□〔縄カ〕

二二二—3

弦袋

小手

鞋

二二二—4

矢作部×

□袴　脛□〔裳カ〕

二二二—5

□　□

二二二—6

小手

鞋

二二二—7

□□

二二二—8

脛裳　腰□〔縄カ〕

二二二―9

□　副

二二二―10

縄解

二二二―11

□

二二二―12

□

二二二―13

□

二二二―14

□　歳

二二三（二二四の紙背）

×□□×

×□市里×

×□郷□□

×□伎郷□〔搗カ〕×

二二四（二二三の紙背）

□子部足×

□

二二五

□□

二二六

×云□×

×□□〔自カ〕未病×

×注申□×

二二七

大員

二二八

大員

二二九

□□〔員カ〕

二三〇

大

□

二三一

王

□

二三二

□

一六三号竪穴住居跡

二三三

栖

二三四

□□

二三五

□

□

子□□

一六五号竪穴住居跡

二三六

□□

一六七号竪穴住居跡

二三七―1　（二三八―1の紙背）

口伍×

口陸×

二三七―2　（二三八―2の紙背）

×伍×

×□〔佰ヵ〕貳拾伍課

×拾伍中男

二三七―3

×参見×

二三八―1　（二三七―1の紙背）

×正六位×
文室真×
×部宅守
×□□

二三八―2　（二三七―2の紙背）

郡〔司カ〕□×
□□□
□□□ ヒヒヒ
主帳外従×
×初位下宇治×

二三九―1

小女
耆老

二三九―2

×拾
×刀自売年×
×年陸拾×

二三九―3

□男

二四〇

×身□□×
×〔口カ〕□山麻呂年×

二四一　（二四二の紙背）

□
〔伍カ〕□

二四二（二四一の紙背）

〔初位ヵ〕
□□□

二四三―1

×刀自売年×
×年肆拾漆
×部得刀自売年伍×
×矢止年捌拾肆
×呂年拾

二四三―2

×肆
×捌　中女
×拾漆
×壹

二四四―1

×拾参

二四四―2

×伍
×売□□拾

二四五

×年拾捌

二四六

×拾肆

二四七

×刀自売

二四八

×□〔部カ〕真□×
□〔部カ〕赤×

二四九

×年拾

二五〇

男

二五一

×年貳×

二五二

×貳×

二五三

×拾□

二五四

奴□〔婢カ〕

二五五

肆

二五六

×□〔男カ〕

二五七

×□〔生カ〕従七位×

二五八

×従六位下×
×□□×〔領外カ〕

二五九

×勲七等□×
×□×〔擬カ〕

二六〇

×初位×
×□×

一六八号竪穴住居跡

二六一

□

二六二

□

三号溝

二六三

□□

六号溝

二六四　（二六五の紙背）

□懸料　鉄
□

二六五　（二六四の紙背）

□□□□〔戸口カ〕

二六六

□〔是カ〕

二六七

□□〔東カ〕

二六八

□

二六九

□□□

二七〇

廿□

二七一

卅二

二七二

□〔左カ〕

二七三　（二七四の紙背）

□〔年カ〕

二七四　（二七三の紙背）

□

二七五

□

二七六

卅□〔七カ〕

二七七

□

二七八

□

一四四号土坑

二七九

□

表面採取

二八〇

×□男　男

×五束□

二八一

×部小道守年卅八

×部真廣年卅□

出土遺構不明

二八二

□

□□〔召カ〕□

二八三

×人半

二八四

□

□

二八五

□〔者カ〕又

二八六

□

足

二八七

□

□□〔足カ〕

二八八

□□□

□

二八九

□

□□□

茨城県・鹿の子遺跡（第三次）出土漆紙文書

石岡市教育委員会調査

一

天平十四年田籍［　　］□〔藤カ〕渕里二×

×籍在布久良里卅五×

×田籍在布久良里□〔卅カ〕×

×年田□〔籍カ〕在布久良×

二

□〔侯カ〕大歳対×

×大歳対血忌×

大夫　大歳対嫁娶×

三

×十五日神

寸×

四

×田×

五

×速

六

×宣×

上×

茨城県・源氏平遺跡出土漆紙文書

那珂郡大宮町教育委員会調査

一

解

茨城県・下土師東遺跡出土漆紙文書

（財）茨城県教育財団調査

一

大同三年正□〔月ヵ〕

□

長野県・下神遺跡出土漆紙文書

（財）長野県埋蔵文化財センター調査

SX三〇

一

×□□〔人カ〕調丁□□×
×交易物□××□顕□×
×足雛□×
×□□×
×長□×
×□交□×
×□□×

区画溝Ⅰ

二

（墨痕のみ）

区画溝Ⅱ

三

（墨痕のみ）

長野県・南栗・北栗遺跡出土漆紙文書

松本市教育委員会調査

一

×月大×

長野県・社宮司遺跡出土漆紙文書

（財）長野県埋蔵文化財センター調査

一（ア）

（墨痕確認できず）

二（イ）

十月十一日正税廿束

三（ウ）

（墨痕確認できず）

長野県・竹花遺跡出土漆紙文書

小諸市教育委員会調査

一a（漆付着面）

□布度玖段×
□□□□飯依

一b（オモテ面）

□□□×
聞小×

二（一aが転写されたもの）

□度玖

群馬県・下小鳥遺跡出土漆紙文書

（財）群馬県埋蔵文化財調査事業団調査

一a

□□□畝満呂□×

□

一b

×田幾□×

群馬県・矢部遺跡出土漆紙文書

（財）群馬県埋蔵文化財調査事業団調査

一a・b

×□□大歳天恩母増□×

×□火　□×

…………………………

「□東」×

「□□□□東□」×

「大小」×

×□□公□□□常行×

×常生住糸□□上常□×

×進　「沐浴　□歳封」×

「大歳前」×

×土部「母倉」□〔麻カ〕而呂×

（「　」内は左文字。従って、行配列は逆順となる）

群馬県・福島曲戸遺跡出土漆紙文書

（財）群馬県埋蔵文化財調査事業団調査

一

□
□

群馬県・福島飯塚遺跡出土漆紙文書

（財）群馬県埋蔵文化財調査事業団調査

一

□
已
□

群馬県・東今泉鹿島遺跡出土漆紙文書

（財）群馬県埋蔵文化財調査事業団調査

一 a

解　申

〔米カ〕
□壹斗

右件物依本

□器所以旬

一 b

「御許」

「了」

群馬県・上大塚南原遺跡出土漆紙文書

（財）群馬県埋蔵文化財調査事業団調査

一

□

□□

〔女カ〕
□□□

群馬県・上高田熊野上遺跡出土漆紙文書

富岡市教育委員会調査

一

小

……

日□方

栃木県・下野国府跡出土漆紙文書

栃木県教育委員会・(財) 栃木県文化振興事業団調査

ＳＫ〇一一

一 (オモテ面) (一〜三＋四＋一〇八)

□〔九カ〕月廿三日

□□〔人日カ〕置部刀良

□隊長勲十等□□□連古東人

證人大田部八□

車持□〔部カ〕

「□〔擬カ〕少領外従七位上公子」　相見人日置□〔部カ〕

日置　真濱

×長日置部

二a（オモテ面）（四）

□〔部カ〕

真濱（一の末尾下部にあたる。再掲）

二b（漆付着面）（四）

×長日置部（一の最終行にあたる。再掲）

三（五）

□□□

□□

四（七）

□□

□□

五（九）

□〔日カ〕□□

六（一一）

□□〔隊長カ〕

七（一〇八）

□〔九カ〕月廿三日（一の第一行にあたる。再掲）

八a（オモテ面）（一二A）

□□川原田子牛養

□七把五分

□□〔長カ〕財部田□人

八b（漆付着面）（一二B）

□□
□依員□□
延暦□〔二ヵ〕年十月五日

九―1a（オモテ面）（一三aA）

□里七垣本田一段
廿八条五里十七□□田二段
廿九条一里□〔万ヵ〕田七段百廿
□田□〔九ヵ〕□百廿　□［　］□一町［　　］已上□□□同□〔郷ヵ〕□

九—1b（漆付着面）（一三aB）

五百七十　□二百廿
卌
廿
五
五

九—2a（オモテ面）（一三bA）

廿九条二里□
同里四小牧田九段百廿
廿六条四里廿二上「養」（追筆）馬来田四段
□里廿八墓田七段
□□廿一粟嶋田二段百廿

九—2b（漆付着面）（一三bB）

□
□〔十カ〕
廿

九―3a（オモテ面）（一三cA＋一五A＋一六A＋一八A＋一九A）

五段百廿　同里廿七曽稲田二段□

四段百廿　□里□四長田七段百廿

小深田一段□□□〔百カ〕

百廿

□戸田二段二百卌　廿九条四里廿四酒マ田二

同四□□□曽□五町一段二百卌

同四□□□□　廿八条五里七嶋田三段二百卌

同□□□垣田七段百廿　廿九条五里廿一小渭田九段二百卌

廿八条四里卅二小井戸田一町　廿九条四里廿三奈戸田二段二百

真□□　廿八条四厘（ママ）垣本田百廿

廿六条四里十四楊田九段二百卌　　三里十六畔无田四段

同　　　　厘（ママ）廿七下草切田四段百八□〔歩カ〕

□マ田□百廿　　　廿六条二里廿四橋爪田二百卌

廿七条□里八下椎田百廿　　二図十六条五里十三下長田百

□〔九カ〕条□□□〔戸カ〕四町二段廿歩

×条四里□田八段

　　　　　　　　同里廿四小幡田九段

□□〔荒カ〕木田五段百廿　　廿七条一里卅四此木田一町

□□百□〔段　廿カ〕　　同里廿四小幡田九段

九―3b　（漆付着面）（一三cB＋一五B＋一六B＋一八B＋一九B）

×廣刀自□×

×□主□

□年

×置部□

日□〔置カ〕□□□〔戸カ〕同姓子犬万呂年×

戸主日置□〔部鳥カ〕□□年×

日置部真刀自女年×

日置部刀自女年×

日置□□刀自女年×

□〔日カ〕□部□女年×

□部□□公年×

日□〔置部カ〕□□年×

日□〔置カ〕□□〔百カ〕年×

日置□〔部カ〕□年×

□□〔正カ〕税□以来九月上旬員進上若過申期

□□□〔姓カ〕等依法被重罪以巳〔ママ〕私物不□〔遺カ〕

□□□□□□〔上カ〕以解

延暦九年□月□日

一〇a　（オモテ面）（一七）

□九

一一　（一四）

（界線あり）

一二（二二）

□□

五段沙金□〔一カ〕

□□　□

一三（二〇二）

□□

SK〇二三

一四（二五）

□□□

一五（二六）

□□

□部金万呂□

□□〔申カ〕□□

一六a（二七A）

□□□□□

□

□人宇始乃□〔皇カ〕□

□

□

一六b　（二七B）

□「宅継」年二

□□　□年五

□大伴□〔望〕万□□□〔侶戸口ヵ〕大伴部刀自女年×

□

□□大伴部小刀自女年□

SD〇〇一・SD〇〇三

一七　（四四）

□□

一八　（四九）

□

□眼前

一九　（五四）

□□□

二〇　（五七）

□

□□□

二一　（六一）

□

□四□□

二二（一〇〇）

□□

□

二三（一〇二）

□□

□□

二四（一〇三）

□

栃木県・下野国庁跡出土漆紙文書

栃木市教育委員会調査

（一）第三七次調査出土漆紙文書

SK二

一a

□人□

□廣瀬郷□

［　　］□国　正丁　同郷□〔郷カ〕戸□

□□□廣濱　正丁　同□

□□□□□　□□　宇治部郷

［　　］

二a　（一aと接続）

□□

□□

一b

□□

□

炊所返□〔抄カ〕　三□

□□□□□□□

□

□□

二b　（一bと接続）

（墨痕なし）

三—1〜3a　（オモテ面）（3Aa〜d）

□

卅二西枚田四段

五里十一東「□蘇□□」

三里二西一段

入苗□〔付カ〕田二段□

□

三—1b　（漆付着面）（3Ba）

□□

□　□

三―2b（漆付着面）（3Bb）

□
□□田□〔二カ〕
□

三―3b（漆付着面）（3Bd）

□
□□
□

四

委□

五

四□

六

五□

七a

戸主□

七b

□

八

□□
□

九

□□
□

一〇

□

一一

□□

一二

［　　］

一三a

□

一三b

□□

一四a

□□

□

□

一四b

□礼□

一五a

□□〔廿カ〕

一五b

□

［　　］

一六

□

一七a

□戸同姓栗

一七b

□

□商

一八a

□年卅□

□

一八b

□貳

一九

□□□

二〇

□□□

二一

□

二二

□

二三

子猪□

二四

□□

二五

□

二六

□

栃木県・上宿遺跡出土漆紙文書

小川町教育委員会調査

一

高一尺長×

□□廣一尺四寸五分

九横杖□

栃木県・磯岡遺跡出土漆紙文書

（財）栃木県文化振興事業団調査

一　SI五〇

□×

□〔佰カ〕陸

□□

二　SI一六九

執□

卯火破　　大□〔小カ〕×

□辰木□　　□〔大カ〕×

×□〔日カ〕己巳□□　　□〔歳カ〕対重□

×庚午土×

栃木県・多功南原遺跡出土漆紙文書

上三川町教育委員会調査

一二号竪穴住居跡

一

□卅

栃木県・東林遺跡出土漆紙文書

石橋町教育委員会調査

一

買□□
依有忽用
富此時不□

栃木県・長者ヶ平遺跡出土漆紙文書

（財）とちぎ生涯学習文化財団埋蔵文化財センター調査

一

×□事

福島県・関和久上町遺跡出土漆紙文書

福島県教育委員会調査

一

□□□□□×
□□六□〔月カ〕□□×
□□　　□×
［　　　　］□×

福島県・荒田目条里制遺構・砂畑遺跡出土漆紙文書

（財）いわき市教育文化事業団調査

一

□□
日受使

福島県・矢玉遺跡出土漆紙文書

会津若松市教育委員会調査

一

返抄×

宮城県・多賀城跡出土漆紙文書

宮城県多賀城跡調査研究所調査

（一）第九次調査出土漆紙文書

SK一一〇四・SK一一〇五

一

×□〔月カ〕九日盡×　×月十□〔八カ〕日合十箇×

宝亀十一年九月廿×

行方団□穀上毛野朝×

二

者□使□郡運送×

□〔粮カ〕穀郡宜承知始来×

者謹依符旨□□〔差カ〕

宝亀十一年九月十七日

×磐城臣千□□　主政外×

擬主政×

三

×郡司解　申進上兵馬馬子粮米事

馬子八人部領一人合×

×斛貳斗貳升□〔起〕九月□〔廿〕日迄□〔廿カ〕九日×

×長大伴部廣椅

宝亀十一年×

×□〔田カ〕□

四

×鳥麻□〔以カ〕□解

宝×

大領外正六位上勲十等丈部「龍麻呂」（自署）

×部病

同月×

五

×斛三斗×

書生二人　膳部×

×廿一日盡廿九日合九箇日粮×

天応元年五月十八日書生×

厨×

六a（オモテ面）

×合十□□粮請×

×応元年五月九日□□〔書生カ〕

書生生部益人

「　十三日

×掾安倍朝臣×

×真□　」

六b（漆付着面）

×条七里大□田×
×条×
×条□□田×
×条□□田×
×条□里□×
×条×

七

×□連立×
延暦二年十月廿八×

八a（オモテ面）

〔使ヵ〕〔道ヵ〕
□三枝部山□所進
胡禄四百枚
鞆一百巻
×者而無解文×
×四日×
□

八b（漆付着面）

〔天応元ヵ〕
×□□□×

九

五月五日谷□
額田部伎□

一〇

□〔牛ヵ〕壹頭　皮壹領

×月十四日

一一―1

×年廿四 正丁

×部□□五百木部山□〔切ヵ〕　年卅八 正丁

×戸口宗何部真縄　年卌三 正丁

一一―2

×□友　年十六 同駅家× 左手×

×□〔今ヵ〕麻呂

一二

×□〔所ヵ〕解　申請粮事

×□〔四ヵ〕人　□物□〔役ヵ〕□人

□□

宝亀十一年□〔九ヵ〕月□日

一三

同田西二□〔段カ〕×

一四

［　　　　］□〔条カ〕×
同条十三里□×

一五

×十×
西廿二条十二×
［　　　　］
×大□田×

一六

×里［　］田×
×条十□〔二カ〕里北家田八段三百□〔卅カ〕×
×十四里×

一七a

×里小野田二段

一七b

×□□×
夜卌□〔六カ〕

一八

×□〔条カ〕十三□〔里カ〕×

一九

×廿×

二〇a（オモテ面）

×一千五百六十三石

×□〔穀カ〕

□□□□〔相模国カ〕×

二〇b（漆付着面）

見

二一

散仕丈□〔部カ〕真尾麻呂

×位下勲九等丈□〔部カ〕×

×下勲十一等丈部×

二二

□

×征東使×

□

二三

×朝臣「真身」

二四

×解　申請粮穀事
×斛二斗□九月十日
［　　　　］□〔代カ〕
×火×

二五

×　蔍伍枚
×机壹具
飯椀壹拾合
×佐良陸枚
折□〔櫃カ〕×

三一（二六の紙背）

□
×五×
［　　　　］
×□〔士カ〕四重罪无問
□

二六（三一の紙背）

□
□□□
［　　　　］
□

二七a

×舍□〔利カ〕

二七b

×都

二八

×事

二九

×壹斛壹×

三〇

□請□〔人粮カ〕

〔　　〕

三一a

×是之×

□

三一b

×味色×

三三

□〔進カ〕上　如□〔件カ〕

三四

軍士六×

三五

×事

三六

箭八□〔百カ〕

部領大目紀朝臣×

×附軍士所進×

三七

百□

三八

×石□□

三九

□

四〇

×掾×

四一

×五×

四二

□

者□

四三

×横□

□

四四

者

四五

延暦二年六×

四六

□□〔大殺ヵ〕

四七

□□□□

四八

□

酒×

四九

□×

×七日×

五〇

□□×

五一

大□〔掾ヵ〕×

五二

□×

五三

□

□〔大ヵ〕□

×□

五四

×□〔条ヵ〕十一×

五五

×□〔口ヵ〕

五六

□□

五七

□

□□

五八a（オモテ面）

×□×

□〔延ヵ〕暦×

五八b（漆付着面）

×七十×

×□

五九

□□

□□〔大掾ヵ〕×

六〇

□〔并ヵ〕

六一

×□

六二

□□

六三

書生宗何×
標〔葉カ〕□×

六四

□

六五

□□

六六

×□□×

六七

×伍拾捌×

六八

□

六九

陽×

七〇

□

七一

×祢麻×

七二

×□×

七三

×十八口

七四a　（オモテ面）

×□

七四b　（漆付着面）

×十×

七五

×帳×

七六

×□〔百カ〕×

七七

同×

七八

□〔石カ〕□

七九

□〔成カ〕

八〇　（漆付着面）

×伍×

八一

同条×

八二

×前

八三

□

八四

×□×

□

［　　］

八五

□

□

八六a

□□□×

［　　］□

［　　］□□〔部ヵ〕

八六b

×百九×

八七

×五日

八八

×二年十月五×

八九

［　　］

SB一七二東南焼土層

九〇

同条×
同条十六里

九一

馬椅田二×
[　　　　]

九二a

□卌
×行少□〔目カ〕×
[　　　　]

九二b

二×

九三

同条十七里大[　]田[　]四歩　七十二歩
[　]条十四里佐[　]田[　]十八歩
[　　]長□田四段二百□歩
[　　　]城田二段
[　　　　]八十歩

九四

×年肆拾玖×
×年参拾伍歳

九五

□
□□×

（二）第二一次調査出土漆紙文書

SK五三〇

九六a

×猿売年×

×部門長年廿歳

×部百継年廿二歳

□〔根カ〕得戸別項

×口一人

□〔物カ〕部継刀自売年廿□〔六カ〕

九六b

×□〔百カ〕六十一束八把五×

一千一百廿三束一把七分

×百四束一把七分　加挙

□〔一カ〕千三百九十八束六把三分

×百九十三束六把三分

×百八十二束□〔三カ〕把□分

(三) 第二三次調査出土漆紙文書

SK七〇九

九七

×□□〔麻呂カ〕　正丁　　同×

同□〔戸カ〕×

□□

九八

×□

(四) 第二八次調査出土漆紙文書

SK九一五

九九 （漆付着面）

□〔二カ〕×

（五）第三〇次調査出土漆紙文書

SK九八一

一〇〇

□〔建カ〕子□〔戊カ〕　天×
月徳×

辛酉木開

×戊水閉　大□〔雪カ〕
□〔鶡カ〕×

×□□□〔亥水閉カ〕

一〇一

×上藤和美□

一〇二a（オモテ面）

此治城

一〇二b（漆付着面）

×撰點

□〔勢カ〕朝臣「□」

（六）第三一次調査出土漆紙文書

堆積層（第八層）

一〇三―1a（オモテ面）

□□但□□×
□仍録□□〔事状カ〕謹解
弘仁十四年七月十一日
少目三村部「野□」
×□〔広カ〕野
×□□〔石雄カ〕

一〇三―1b（漆付着面）

×幕
右　民部×　×九日符□〔偁カ〕
官□…□得国解偁×

一〇三―2a（オモテ面）

×事□

一〇三―2b（漆付着面）

日

一〇三―3a（オモテ面）

（墨痕なし）

一〇三―3b（漆付着面）

十七帳

（七）第五六次調査出土漆紙文書

SI一九〇三

一〇四―1a（オモテ面）

□丈部×□年廿　左頬□〔黒カ〕

毛牝馬×　×□×

赤毛牝×　×□□×〔直カ〕

同戸口丈部□□□□〔廿カ〕　左頬×

□二匹　各歳□〔五カ〕　同×

□□歳□□〔牝馬カ〕

一〇四—1b（漆付着面）

□

一〇四—2a（オモテ面）

歳

一〇四—2b（漆付着面）

（墨痕確認できず）

（八）第五八次調査出土漆紙文書

SD二〇四四

一〇五—1a（オモテ面）（文書A）

×□□〔計カ〕帳見定□×
□□〔不カ〕
［　］
□□〔戸主カ〕□部□□年七十四　□□〔者カ〕
［　　　］□□〔年カ〕［　　］　□□
□〔男カ〕［　　　］卅　正丁
［　　　　］　□
［　　　　］
［　　　　］
女□部□［　］年卌□
女□部［　　　］　□
□□〔部カ〕［　　　］　［　］
［　　　　］
［　　］　□
伴部阿［　］売［　］
□部□□□［　　］　小□〔女カ〕
□□□〔伴部カ〕

一〇五―1b＋2b　（漆付着面）（文書B）

□下大豆六升□□□〔呂カ〕五□□　［　］郷［　］

□壹斛□〔陸カ〕斗　大豆一石四斗　小豆□〔一カ〕斗

［　　］五　□□□〔過カ〕

七日下壹斗肆升大豆一□〔升カ〕　□□〔豆カ〕六升　二升□　□　寛□□□

遺壹斛伍斗貳升□□三斗八升　□斗四升　□

□〔月カ〕廿八日下□六升［　］　附×　×□蘇塩豆□　×□万□□二升□

□□〔遺壹カ〕斛肆斗□　□大豆一石□〔二カ〕　小豆□　□

□〔貳カ〕［　］大豆　□□□〔蘇貳カ〕［　　］　□〔大カ〕豆

□

一〇五―2a　（漆付着面）

（墨痕なし）

一〇五―3a　（オモテ面）（文書C）

□〔一カ〕日五斗□　□□□〔長カ〕行書生前守［　］十四日五斗

□□〔又カ〕長行田継　廿三日五斗□　行前守［　］

七月八日二□□

一〇五―3b　（オモテ面）

（墨痕なし）

(九) 第六〇次調査出土漆紙文書

SE二一〇一B

一〇六―1 (1a)

□□
□部船長去年郷長巫部□×
□口分□□種子不受之八十束
□□上也十束者商布直依手書
×云天長七年□□八十束□〔進カ〕
□附軽部前成□

一〇六―2 (1b)

□〔不カ〕進□

一〇六―3 (1c)

文

一〇七―1 (2a)

×□丈部□立解申進上××□□事
□　桉壹具直伍□
　　布壹×
□×

一〇七―2 (2b)

部

一〇八（3）

□宣

一〇九（4）

×□×
如件
延暦×

一一〇—1a（オモテ面）（5a表）

□〔駿カ〕河国□

一一〇—1b（漆付着面）（5a紙背）

□□
「□□五□」
×□郡

一一〇—2a（オモテ面）（5b）

鍬貳×

一一一

×□月□九坎
×□重
×歳後天恩
×後天恩徳合帰忌□×　×祠×
□□□碓解除除服吉
×道西行宜向□×天徳在□辛□×　×□在辰
□宜修□×
×徳在庚合在乙庚乙□×　×甲甲上取土
及宜×　及宜修×
×□歳後天×
×□後×

一一二

□□□□不天毛□

□□承天奈利奴

□〔加ヵ〕奈尓乃美太徒奴止支己由奈止□

□■乙□〔巳ヵ〕旦間□□須与□□□阿□　（コノ行重書アルカ）

□□□□□□□

□天武度須礼度毛可乃所尓奈□

多礼□衣所天々乃□へ者□□支之

□曽世者須久之天

以可□尓□〔者ヵ〕支己江

□〔留ヵ〕尓者

（一〇）第六一次調査出土漆紙文書

自然堆積層（第一〇層）

一一三―1

×□□□篩×

×□□〔方ヵ〕××薭子一升　支×

×三物合搗酢漿□〔和ヵ〕□□×

一一三―2

色

凡四物×

、治卒□×

（一一）第六二次調査出土漆紙文書

SI二一五三

一一四

□□□□□□

主帳□×

一一五

□中

一一六

□□

SI二一六一

一一七a（オモテ面）

□進□〔上カ〕□□□□

［　　　］□〔奈カ〕□廿六　　□

一一七b（漆付着面）

［　　　］

×月廿七［　　　］

□　　□

SI二一七四

一一八

□

□□時□

□□〔甲カ〕□地

千至□〔古〕□　□〔六カ〕十

□□□□

□□

（一二）第六五次調査出土漆紙文書

SD二二五七

（四点出土、内二点墨痕確認、釈読不能）

SD二二五八B

一一九

□　□

□

（一三）第七〇次調査出土漆紙文書

（断片のみ）

（一四）第七八次調査出土漆紙文書

一二〇―1

□

×□〔五カ〕撮　白七升五合
凡十四斛七斗五升九合七夕□〔五カ〕撮×

×　撮　白□升一夕〔合カ〕
凡六［　］［　］□三夕五撮

×合五夕　白□石八斗四升三合六夕
凡十一斛三斗五升×

×　白八斗二升六×
凡一斗九升×

×合　凡×

×斗八升二合　凡×

三合四夕□

一二〇―2

前預

一二一―1

□□〔マカ〕道一□

□□一百廿七×

東道一万五千×

寺田□〔穫カ〕稲地子稲□

南道三千二百五十□□□〔束カ〕

×六千六百束

×道三千八□八十五束

□八十六万八千六×

一二一―2

□西□〔道カ〕

一二一―3

×一万四□

一二一―4

×百五十×

一二一―5

×百×

一二一―6

×□〔千または十カ〕二×

一三一—7

千

一三一—8

東

一三二

□

□□富吉□

□扆□〔店省カ〕　□□□内多諍

庭中道通行□〔則カ〕

開□□舟長宜

□西□〔事カ〕取□　寿命長溜貴利吉合□

□神　□神心郡神□〔心カ〕□□平

□子　□

誦巻束□

道道□

宮城県・多賀城廃寺出土漆紙文書

宮城県教育委員会調査

一

（釈文不明）

宮城県・山王遺跡出土漆紙文書

宮城県教育委員会調査

（一）宮城県文化財調査報告書一三八・一四七・一七四掲載分（八幡地区）

ＳＤ一〇〇　一層

一

×□年廿四歳

□〔刀カ〕自売年七□

×売年六□

SD三六二・三六七　一層

二

（釈文不明）

SD八〇〇

三

（オモテ面）

博士□□×
史生嶋岐史□×

炭化物層E

四

（釈文不明）

一層

五

□□□［　　］

（二）宮城県文化財調査報告書一七四掲載分（伏石地区）

ＳＫ三〇〇三　三層

六ａ（オモテ面）

□位吉

□

六ｂ（漆付着面）

□□

□□

ＳＫ三〇一七　四層

七

（釈文不明）

ＳＫ三〇一七　底面

八

（釈文不明）

ＳＫ三〇四七　一層

九

□

×七等吉弥□〔侯カ〕人主　□

□□貢上

寛平×□〔年カ〕七月十三日

SK三〇五六　一層

一〇

□

SK三一一七　二層

一一

斗

（三）宮城県文化財調査報告書一六二掲載分（八幡地区）

SK二二一二

一二

健士

兵士

兵士

□　兵士

□福継年□

（四）宮城県文化財調査報告書一七〇掲載分（多賀前地区）

ＳＫ八七

一三（一）

（墨痕のみ）

ＳＫ八三六　一層

一四ａ（オモテ面）（一）

（墨痕のみ）

一四ｂ（漆付着面）（一）

（墨痕のみ）

一五（三）

（墨痕のみ）

ＳＫ九五二　一層

一六ａ（オモテ面）（四）

□〔十カ〕四貫
×貫八百文別
×百文已上　佐勢公
×十四貫別卅二貫
×貫一百五十文
卌段
□〔升カ〕□
×□〔升カ〕

一六b（漆付着面）（四）

□□〔位カ〕坂本臣黒人年廿七 正丁

一七a（オモテ面）（五）

少女

少丁

小子

一七b（漆付着面）（五）

□□

□〔斗カ〕　白 黒下　□　□

□□□〔猪脂カ〕　□

□　□　□

一八a（オモテ面）（六）

□　□〔篤カ〕女

小女

不課　壹拾参男　七小子 五黄子 篤疾　貳拾参女

□〔肆カ〕半輸　参全　丁 次丁

貳段　貳

□〔課カ〕戸

□〔玖〕　□〔次カ〕女

嫡子

一八b （漆付着面）（六）

五十

□

□　安八郡給馬□□

□

SD一〇二〇B　一層

一九a （オモテ面）（七）

×□為□×

×善不得為孝□章×

×□咎以

×高行曽□日甚才×

×□□×　×焉行者□×

×者蒙×　×□為甚大×

×之誼也×　×□□誼宜×

×夫天有常節×　×宜人×

×変□謂三□□孝其本矣兼□統之□人君之道×

×□則人□□事也君□其道無以有其国臣失其□×

×上之畜下不□天地之経而□是則之□□×

×上不虚孝之致也×

×安百姓人君之則訓護家事父母之則□□×

×力□養□婦之則人□不易其則故□□×

×故家事修焉臣下不易其則故主□×

×親養具焉斯皆□天地之常道也×

一九b―1（漆付着面）（七）

黄男肆人
奴　壹人
婢　壹人
課×

一九b―2（漆付着面）（七a）

輸庸狭布壹×
×麻呂

一九b―3（漆付着面）（七b）

〔見不ヵ〕
□□
□端事×

一九b―4（漆付着面）（七c）

□尺□

SB一一七六　N三E三

二〇（八）

（墨痕のみ）

SK三〇二四

二一（九）

（墨痕のみ）

北一西三区遺構確認面

二二（一〇）

［　　　］

二三（一一）

□〔十カ〕□

□

南二西一区遺構確認面

二四（一二）

□

□〔己カ〕□者

二五（一三）

□

安□□

□□

二六（一四）

□和□〔三カ〕［　　　］

□

（五）宮城県文化財調査報告書一九八掲載分（伊勢地区）

二七

（墨痕確認できず）

宮城県・山王遺跡出土漆紙文書

多賀城市埋蔵文化財調査センター調査

（一）第一〇次調査出土漆紙文書（『山王遺跡』Ⅰ）

SD一八〇

一―1a（漆付着面）

×年卅□〔七ヵ〕
□麻呂年□
子マ麻萬蘇年×
弟君子マ足麻×
×得年廿四
×年十九
×年十七
×年卌七
□七

一―1b　（オモテ面）

□
戸□〔興または奥カ〕
陸奥国□〔苅カ〕
□〔大カ〕伴

一―2a　（漆付着面）

白髪マ

一―2b　（オモテ面）

（文字なし）

一―3a　（漆付着面）

刀自売
□〔女カ〕財マ刀×

一―3b　（オモテ面）

（文字なし）

一―4a　（漆付着面）

×君子マ□
□件□人従□麻呂来
戸里戸主神人マ千□
件二人従×

一―4b　（オモテ面）

□　□
□〔済カ〕王敬×

一―5a　（漆付着面）

□　□

一―5b（オモテ面）

□知□
□行□

一―6a（漆付着面）

（文字なし）

一―6b（オモテ面）

□
×□国人×

二―a（漆付着面）

下弦
×酉火執　歳×
×戌木破　歳前×
×亥木危　歳前×
庚子土成　歳前×
×土収　歳前×
×金開　土壬　歳前血×
×閉　歳前×
×気北行　天道×
人×

二―b（オモテ面）

（墨痕あり）

（二）第一七次調査出土漆紙文書（『山王遺跡』Ⅰ）

SD四二〇

三a（オモテ面）

×小子
×年□　歳　　少×
×年伍拾歳　　正丁
×陸拾伍歳　　老女　上件十二口従白麻呂□
口壹拾不□　口　男一耆老 一小子 二緑児　口陸女
×課見半輸正丁
財部小里年伍×伍歳　　正丁　課戸
妻財部古祢売年伍拾肆歳　　丁妻
男財部得麻呂年貳拾玖歳　、×丁　割附駅家里戸主丈部祢麻呂為戸
男財部真得年貳拾伍歳　　×丁
女財部得刀自売年拾伍歳×
女財部真得売年拾貳□×
□□「　」貳×

三b（漆付着面）

（墨痕あり。釈文不明）

SK五四二二

四a（オモテ面）

出挙八百卅四束

□貸一百九束

四b（漆付着面）

形見年×

正丁

□貳課見輸

戸男獲子年五

小子

戸叔父那年□□六

耆老

戸女古祢咩□年×

SK五四一〇

五（オモテ面）

麻呂参×

□□〔麻呂〕肆□〔拾カ〕

□□参

吉□侯部×

×侯□〔部カ〕×

×木□〔部カ〕×

（この他「人」「□」など重書あり）

六a　（オモテ面）

□□□事
　□□事

六b　（漆付着面）

［　　　］
男［　］マ智足　丸子マ乙万
□□全女□□
□□

七　（墨痕なし）

SD四二〇（追加）

八　（オモテ面）

　　□
□七　麻□
□□　麻□

(三) 第六六次調査出土漆紙文書

九

□

□□□□来□□上□□

□□□□〔官過カ〕□□者件書生□

□□〔仍以カ〕□解

天安×　×月廿六□〔日カ〕書生丈マ□〔在カ〕□

一〇

(釈読不能)

一一

貞観三年

一二

(墨痕確認できず)

一三

部□〔田カ〕主　戸頭丈□〔部カ〕

□夜□〔閭カ〕

一四

(墨痕確認できず)

一五

(釈読不能)

宮城県・市川橋遺跡出土漆紙文書

宮城県教育委員会調査

(一) 宮城県文化財調査報告書一八四掲載分

SD五〇二一

一　(オモテ面)

□□

戸主□〔姪部カ〕□□子□　□

二　(漆付着面)

×□〔部カ〕□×

□吉弥侯部□

□〔侯カ〕□志賀□

×□×

三　(漆付着面)

□〔仮廿カ〕百□□

四―1　(オモテ面)

×　□女

四―2（オモテ面）

×　　上件三口□〔生カ〕×
×女
×□正丁　　七月□日死
×小子
×小子

SK五四二四

五―1a（オモテ面）

×□符到□〔奉行カ〕□
大□〔掾カ〕×
権大掾坂□〔上カ〕×
少掾□〔葛カ〕×
少□〔掾カ〕×
□〔大カ〕×

五―1b（漆付着面）

□〔歳カ〕□　　×
×□□〔拾参カ〕□×
×□×
×□〔歳カ〕　　×
×口拾玖□〔歳カ〕　　丁
×□〔伍カ〕□×
×□〔漆カ〕□□　　□□
×□　　□
×□×

五―2a（オモテ面）

×藤□〔原カ〕×

五―2b（漆付着面）

（墨痕なし）

五―3a（オモテ面）

（墨痕なし）

五―3b（漆付着面）

×自売×

（二）宮城県文化財調査報告書二一八掲載分

六

□

七

□　□

□□

宮城県・市川橋遺跡出土漆紙文書

多賀城市埋蔵文化財調査センター調査

（一）第七次調査出土漆紙文書

一

者　土　□
「□〔佐カ〕者」　番　□〔結カ〕
□〔前カ〕

（二）第二五次〜第二九次調査出土漆紙文書

SX一六〇〇B（C区）

二a（漆付着面）

□　□□
□〔乗カ〕駅　駅馬　□□□〔等等カ〕
□□符一枚柴田郡□□□月卅日
伝□　□及下　武蔵　相□〔模カ〕
□　迎
戸主物×

□部内山道□□

（この他、折り込まれた部分に墨痕あり）
（末尾の行は「□部内山道□□〔諸郡カ〕」か）

二b（オモテ面）

□〔在カ〕□□

位

□半飛

□

SD二三八六g（D区）

三（漆付着面）

□

□一升八勺　四□□□　□

合六勺　訳語秋成□合二勺　狩□□一斗

□軍毅健児等二升六合□

合

□俘囚二人六合二勺□従七合二勺　真成三合□〔六カ〕

狩□持□二人

白二升四合　□

黒四斗二升九合八勺
白四□〔斛カ〕四□　□料　黒一斗□〔所料カ〕□□□□

□一升　□　鳥養料　黒一升□□□〔料カ〕

□□　□　黒三　九合□

SD二〇二一（D区）

四（オモテ面）

×男
丁女
丁女
小子　已上七口弘仁九年
小子
小女　已上二口×

（横界線二本あり）

SD二三八六g（D区）

五a（オモテ面）

□　□□□
二
並曹備
□
□十

（二行目「二」の下に縦の墨線あり）

五b（漆付着面）

□十□
□堪佃　堪佃壹
参段伯歩
□代□□□□〔田カ〕二段三

SK一三四三（C区）

六（オモテ面）

宝亀三年

SD一六九四（A区）

七―1（漆付着面）

［　　　］

延暦九年七月廿□

□

［　　］［　　］

七―2（漆付着面）

□□

到□

七―3（漆付着面）

□

□状

七―4（漆付着面）

□□

七―5（漆付着面）

□□□

七―6（漆付着面）

（墨痕のみ）

七―7（漆付着面）

（墨痕のみ）

七―8（漆付着面）

（墨痕のみ）

SD一七九八（A区）

八―1（オモテ面）

□依忽□

米

八―2（オモテ面）

□

□□

八―3（オモテ面）

（墨痕のみ）

SE一六七二（A区）

九a（漆付着面）

大伴部□　□

□□□[]

九b（オモテ面）

□□

□□□□

□□

SD一四一一（C区）

一〇（漆付着面）

□□□

□□

□　私□□

□佰□

（その他にも墨痕あり）

SD二三八六g（D区）

一一―1a（オモテ面）

□

一一―1b（漆付着面）

□□

□健児□

□

一一―2a（オモテ面）

□酉□

一一―2b（漆付着面）

勝

一一―3a（オモテ面）

□柴

□

一一―3b（漆付着面）

□□

集□

一一—4a（オモテ面）

［　　　］
□館
［　　　］

一一—4b（漆付着面）

［　　　］□
縄

一一—5a（オモテ面）

□児

一一—5b（漆付着面）

［　　　］
□□
□□
□□

一一—6a（オモテ面）

　□
□
□

一一—6b（漆付着面）

□□
□広

一一—7a（オモテ面）

（墨痕なし）

一一—7b（漆付着面）

［　　　］
健児
□

一一―8a（オモテ面）

□□

□

一一―8b（漆付着面）

勝

一一―9a（オモテ面）

□

□〔馬カ〕

一一―9b（漆付着面）

□□

一一―10a（オモテ面）

□□〔庭カ〕

一一―10b（漆付着面）

縄

一一―11a（オモテ面）

（墨痕なし）

一一―11b（漆付着面）

□□

一一―12a（オモテ面）

（墨痕なし）

一一―12b（漆付着面）

□□□

□

［　　］

一一—13a（オモテ面）

（墨痕のみ）

一一—13b（漆付着面）

二日

一一—14a（オモテ面）

（墨痕なし）

一一—14b（漆付着面）

□□

一一—15a（オモテ面）

（墨痕なし）

一一—15b（漆付着面）

□□

一一—16a（オモテ面）

（墨痕なし）

一一—16b（漆付着面）

□□

SI一四八八（C区）

一二—1（オモテ面）

寶

一二—2（オモテ面）

□

一二—3（オモテ面）

□

ＳＸ一八一二（Ａ区）

一三（オモテ面）

部□□□

四三区第Ⅳ層（Ａ区）

一四（オモテ面）

枚

（三）第五〇次調査出土漆紙文書

一五（オモテ面）

鳥□

□［　］

（四）第七二次調査出土漆紙文書

一六―1（第一紙オモテ面）

□□六

一六―2（第二紙オモテ面）

為預馬官舎破壊之事夙夜
□□□□□
□年六月一日盡仝年七月□〔卅ヵ〕
□
□已上依令為兵□率□□
□
□□考□〔課ヵ〕附朝集使　正七
□申上謹解
□上〔位ヵ〕　権大目　朝臣「安□〔年ヵ〕」
□大中臣朝臣「貴□」
行大目大神朝□〔臣ヵ〕
従七□〔位ヵ〕
□上〔位ヵ〕
□

宮城県・燕沢遺跡出土漆紙文書

仙台市教育委員会調査

第一〇号住居跡

一

右肆人□

宮城県・仙台城二の丸北方武家屋敷跡第四地点出土漆紙文書

東北大学埋蔵文化財調査研究センター調査

二六号土坑（一九世紀前半）

一（オモテ面）

□

□

□□□□〔と可被申ヵ〕

宮城県・下窪遺跡出土漆紙文書

建設省東北地方建設局調査

竪穴住居

一a

×自女

一b（一aと天地逆）

九九八十一　八×

便×

宮城県・新田柵跡推定地出土漆紙文書

田尻町教育委員会調査

SK一三四

一a（オモテ面）

×年十九×
×□年十六□〔歳カ〕　　×
×年五□〔歳カ〕　　小×
×▭□〔歳カ〕　　黄×
×□□〔歳カ〕　　黄×

一b（漆付着面）

□
□
□
□□　□□〔易出カ〕
□□□□〔不カ〕

宮城県・小梁川遺跡出土漆紙文書

宮城県教育委員会調査

一

白□〔河カ〕□□

宮城県・一本柳遺跡出土漆紙文書

宮城県教育委員会調査

一

□子□
□□□
□者之
□子
□酒□

二

（絵画）

宮城県・壇の越遺跡出土漆紙文書

宮城県教育委員会調査

一a（オモテ面）

×罪×

×□×

×〔比カ〕□黒龍×

×多利導×

×□〔倍カ〕□言罪□□×

×〔募カ〕□罪　□□［　　］　×　×〔白カ〕□□□□□母此神×

×□白龍〔脊カ〕□［　　］〔完カ〕□×　×□□哥［　　］□□×

×□□導□×

×□知神×　×□罪〔女　罪カ〕□［　　］□又罪无□×

×□色〔无カ〕□□×　×□〔罪カ〕□［　　］赤龍〔脊カ〕□□×

×□□□×　×至焉導吉□□□黄×

×　如神祠問罪×

二a（オモテ面）

苗

三a（オモテ面）

〔完カ〕□

四a（オモテ面）

□□

一b（漆付着面）

［　　］　□

□

□日七　［　　］

［　　］

宮城県・壇の越遺跡出土漆紙文書

加美町教育委員会調査

一

□□□□

□互之世□□

□□　□

□　□

□

浄□

□二□

□南无□□〔惣カ〕

□□義宣

二

年□

□

年廿

正□〔丁カ〕

□□〔年カ〕

□□

三a（オモテ面）

九□

□□人　□□〔総廿カ〕二口

壹布　□〔方カ〕廿□

□□〔租カ〕六十三□

三b（漆付着面）

□□□□

□□□

岩手県・胆沢城跡出土漆紙文書

水沢市教育委員会調査

（一）第二三次調査出土漆紙文書

一 （一）

×百人
×蔵国一百人
×野国二百人
×□百人　統領物部連荒人□〔起カ〕×
×□百人××
×升
×統領大伴長□×

（二）第三七次調査出土漆紙文書

整地層

二 （一）

第二第第第
文選巻第二
巻第二文選巻第二
見見見見見見
親　親親親親
右　右右右

（他にも習書の墨痕あり）

（三）第三九次調査出土漆紙文書

ＳＤ五九六

三a（オモテ面）（三）

□浴　　　絶陽□対
×□火開立冬十月節　□□歳後母倉祠祀移徙療病入学×
　　　水始氷
□戌木閉　　　□陽□□
×水《（ママ）》木建　　　大歳□□血忌
×除大夫既済　　大歳対□□□□除壊垣破×
　　　　　　□□忌厭
　　　　　　×取土
　　　　　　×□□
月

三b（漆付着面）

×戌□破　侯旅内　大歳後×
□亥□危　沐浴　大歳□□歳□徳合重×
戊子火成　上弦後　大歳対□忌復×
　　　　沐浴
×丑火収　除手□　大歳対復嫁娶
　　　立夏四月節　大歳□×
　　　□蟈鳴

(四) 第四〇次調査出土漆紙文書

SK六五四

四 (六)

×員［　　　］如件以解

延暦廿一年六月廿九日書生宗×

玉造団擬大毅志太×

(五) 第四一次調査出土漆紙文書

SK七一六

五 (七)

国博士訴申

令在□量

初検并改□〔審カ〕

仍□□者

（六）第四二次調査出土漆紙文書

六

（墨痕確認できず）

（七）第四三次調査出土漆紙文書

第三b層

七―1　（一〇）

×大歳前月徳療□×
□□前月徳加冠拝官冊授裁衣×

七―2（一〇）

×位除解□□

×歳後天恩徳合厭壊垣破□□□

×歳後天恩無冠壊垣破屋吉

×歳後□　□□拝官冊授移徙入学剃□

梁蓋屋修宅　□

□子木収　大歳前××倉加□×祠祀結婚納徴□土上梁修門戸竈×

廿三日癸丑木開下×
除×　×前天恩九坎入学市買納財吉

□□日甲□水閉　除足甲　大歳前月徳□行□加冠拝官塞穴殯埋斬草吉

□五日乙卯水閉清明三月節
桐始　食鼬外大歳前結婚納徴剃頭××埋斬□掃舎×

廿六日景辰土建　大歳前出行吉

廿七日丁巳土除　大歳後小歳前母倉徳合重拝官□□修見防導□×

陰□昼五十二
□卅八

×満　大夫×　大歳後母倉×

×火平　除手足甲　大歳後復裁衣×

×東北行　宜向北行
及宜修造×

月徳在□

八　（一八）

×申依病不堪戍所射手等事
×貳人
番上
伴部広根　健士
右人自今月廿五日沈臥疫病也
宗何部刀良麿　健士
右人自今月廿六日沈臥疫病也
×射手等沈臥疫病不堪為戍×
×□〔主カ〕帳牡鹿□〔連カ〕氏縄使申上以解
承和十年二月廿六日×
×□×

SK八三〇

九―1　（二六）

×位×□祀非×□□×
□春生夏長秋収冬蔵□□×謂×
之業稼穡為務審因四時就物地宜除田撃×
播殖百□挟其槍刈脩其壟畝脱衣就功×
露□塗足少而習□×□休焉是故其父兄之×
学　不
□而能謹身□××養父母□×
□×奢也為不××無患不為□×
×□財□足以恭事其親此庶人之所以為×
×下至□庶人故者故上陳
孝五章之□孝亡□乱而×
也　□行孝道尊卑一□□□□×以常也必有×
能終始者必及患禍矣故為君而忠為父而慈×
四者人之大々節□在身雖有小過不為不孝為君×
不□為子□×　×□□□×也在身雖有小善不得×
×□□――――□□×
□所由生×
□才□×

九―2（二六）

□□×　×□□君之□×
×□臣失其道□×有其位□□
□□則之□是×　×

SK八六四

一〇（四〇）

×□充□〔其カ〕×
還来欲□〔請カ〕
便在物如得
忘尤有要×
勅状通
四月廿六日

三a層

一一（一七）

男廿六〔　〕　□×

(八) 第四五次調査出土漆紙文書

SK九二五

一二―1 (四三)

×継年□〔卌カ〕×
×清成年五×
×□〔連カ〕阿伎麿年廿八×
×部□麿年廿六
×部国益年卌二
×巫部□□〔酒カ〕麿年卌六
×年廿三
×年卅一
×年廿三

、衣前郷□×
、駒椅郷廿一戸主丈部犬麿戸口
、瀦城郷卅八
駒椅郷卌八戸主巫部諸主戸口
、瀦城郷五十戸主吉弥侯部黒麿戸口
、駒椅郷十七戸主巫部本成戸口
、高椅郷廿五戸主刑部人長戸口
×、駒椅郷八戸主巫部人永□□〔戸口カ〕

一二―2　（四三）

×年廿二×

×高椅郷□〔卅カ〕四戸主刑部真清成戸口

×駒椅郷廿一戸主丈部犬麿戸口

一三　（四四）

×人料

×□口十人料四升　□□×

×□隻口十□人料□〔六カ〕升九合五勺　□　□

×□〔穀カ〕弓□□四合四勺真□四合四勺　召殿門×

×人四合四勺　雑使健児四合　工×

×□四合　炊三合　□〔土カ〕居□×

一四　（四五）

×□□□行□×

×□取□□□□如×

×［　　　　］□□□×

×□□□〔密カ〕×

小文志□×

×□取□×

（九）第五二次調査出土漆紙文書

ＳＥ一〇五〇

一五

（墨痕あり）

（一〇）第五四次調査出土漆紙文書

一六（四七）

□
□
大将軍□
□

一七（四八）

（釈文不明）

（一一）第七六次調査出土漆紙

地山面直上

一八

（墨痕確認できず）

岩手県・徳丹城跡出土漆紙文書

矢巾町教育委員会調査

一

□

九□

山形県・城輪柵跡出土漆紙文書

酒田市教育委員会調査

一

×□津月足　戸口×

×売年卅四

×麻呂年廿六

×廿□〔八カ〕×

山形県・生石二遺跡出土漆紙文書

山形県教育委員会調査

SD三〇〇

一（漆付着面）

□　□□□〔肆カ〕　□

□　□　年参拾壹歳

□　□□〔貳カ〕歳

山形県・一ノ坪遺跡出土漆紙文書

山形市教育委員会・山武考古学研究所調査

ＳＫ一六〇

一（漆付着面）

□

□□□

山形県・大浦Ｂ遺跡出土漆紙文書

米沢市教育委員会調査

一

×厲疾□□大歳位□□壊垣破屋□□□□

×木危辟臨□□大歳位月徳祠祀壊垣破屋伐樹解除□

×酉木成沐浴大歳位謝土祀井解除除□吉

×戌水収　大歳位漁獵種蒔吉

×癸亥水開下弦沐浴陰錯重厭

×甲子金閉水澤腹竪沐浴大歳□天恩天赦帰忌血祠祀□□上梁×

×景寅火除除足甲候小過内大小歳前天恩拜官結婚娶□

×大小歳前天恩往亡□□結婚経絡上×

×大小歳対天恩復裁衣買納□

×過外大歳位□□

山形県・沼田遺跡出土漆紙文書

山形県教育委員会調査

一

有

山形県・東田遺跡出土漆紙文書

山形県教育委員会調査

一

□

二

大

秋田県・秋田城跡出土漆紙文書

秋田市教育委員会・秋田城跡発掘調査事務所調査

（一）第二四次調査出土漆紙文書

SＩ三六九

一 （漆付着面）

□虫□
□□□

（二）第三六次調査出土漆紙文書

SF六七七築地崩壊土

二―1a （オモテ面）

×□〔伯ヵ〕漆十人　□〔稲ヵ〕［　　］拾参束伍把
×直忍麻呂戸口　□［　　］麻呂貳束
×伍束　丸子［　　］□〔刀ヵ〕自売伍束
×貳束　戸主秦連恵尓×
×伍束　戸主礒部小龍戸口
×束　□部小刀自売伍束
戸主宍太部道石伍束

二―1b（漆付着面）

□

□亡逃走

□婢□□

□□人　三人　伍人

二―2a（オモテ面）

×伍束

二―2b（漆付着面）

神護×

二―3a（オモテ面）

矢作部×

二―3b（漆付着面）

（墨痕なし）

二―4a（オモテ面）

（墨痕なし）

二―4b（漆付着面）

神護×

三（オモテ面）

×□〔匹カ〕

宝亀元年×

□吉弥侯　「□〔仁カ〕根」

（三）第三八次調査出土漆紙文書

SA六九九柱列堀形内攪乱

四a

〔戸籍カ〕
□□郡司
事而以今
□□

四b

（墨痕あり）

（四）第三九次調査出土漆紙文書

SG四六三沼沢跡

五

（釈文不詳）

六

［　　］［　　］
□　□

(五) 第四〇次調査出土漆紙文書

表土・耕作土

七

□四□
□　　年□月□□日

(六) 第五四次調査出土漆紙文書

ＳＫ一〇三一

八 (漆付着面)

口×
口陸×
口伍小子
口貳　年十七
口壹、年十六

九a（漆付着面）

×歳×
□月小 天気東行／月徳在甲　天道乾巽／人道艮坤
一日戊戌木□　歳前小歳後×
「出羽国出羽郡井上×　×天平六年七月廿八日」
二日己亥木成　×□母倉×
三日庚子土収　×□母倉祭×
四×　×九移(ママ)□×

九b（オモテ面）

×□×
姪□×　×売 年卅五／□黒□
□×　□〔売カ〕
課戸主贄×
男贄人部大麻 □廿二／左□

一〇a

勘収釜壹口在南大室者
□□若有忘怠未収者乞可
令早勘収随恩得便付国□□
□〔徳カ〕縁謹啓
五月六日卯時自蚶形駅家申
竹田継□

一〇b

□
封
介御館
務所　竹継状

一一

×送以解
天平宝字×
従五位下行守勲十二等小野朝臣「竹□〔良カ〕」
□六位上行介百済王「三忠」

一二—1

□
神景四年四月十×
「□□」

一二—2

×使解　申介御×
□

一三—1a

□〔阿カ〕刀部身×
麻続部忍麻呂戸口

一三—2a

戸主三村部真足陸拾束
□□□麻呂□

一三—2b

□□
国司従五位下行守×

一三—1b

郡司少領

一四

×恩九坎　十日辛×
×前天恩帰忌
×前天恩　十三日甲寅水□
□官結婚治□

一五

□〔公カ〕　年五十□
天平宝字四年
□麻呂□□

（七）第六〇次調査出土漆紙文書

ＳＩ一二二三出土

（六点中、二点に墨痕あり）

ＳＩ一二三〇出土

（二点中、一点に墨痕あり）

（八）第七二次調査出土漆紙文書

SK一一五五

一六

林連真刀×
×月八日死　戸主高志公□×
□公広野売丁女××　去年九月七日死　秦祢奈×
小長谷部都夫良売年五十二丁女　去年十一月三日死　高志公祢宜良×
桑原刀自売年六十八老女　去年十二月十日死　高志公秋麻呂年□四正丁　今年六月□×
□主江沼臣鷹麻呂戸口　江沼臣黒麻呂年廿八正丁　去年十二月十日死
×主江沼臣乙麻呂戸口　江沼臣小志鹿麻呂年廿一中男　去年十二月十日死
坂合部咋刀自売年五十八丁女　去年十二月十八日死　■戸主茜部馬甘戸口
服部波加麻年卌五残疾　去年九月十九日死
□部桑公年卌二正丁　今年六月十三日死
×部諸公戸口
□醜売年卅八丁女　去年□□日死
×真黒売年廿中女　去×
×年十一小子　去年×

一七

×□□売×
×野臣継刀自売×
女都野臣真継売×
弟都野臣子乙麻呂年卌□
妻丈部蘇比売年卅九
男都野臣欠麻呂年十六
男都野臣神麻呂年十四　小子
女都野臣縄刀自売年十五　小女
女都野臣子縄売年十三　小女
女都野臣真縄売十　小女
弟都野臣黒田年卅七　正丁
弟都野臣竟年卅二　正丁
×七　耆女
丁女

一八

□城公刀自売年×
□□〔温水ヵ〕□城公子刀売□卅□
和太公真夜売年廿六
和太公×　×売年廿四
和太××□売年廿三
和太公□□□刀自売年卌一
和×公子真刀売年卅七
戸主小高野公三手継戸口合四十七
不課
以下

一九a

×五石　伴子福人手×
×□手四石　下毛野公遠守手×
後色二×

一九b

（墨痕あり）

二〇

進上如件以解
嘉祥二年六月廿三日　助丈部×

二一

［　　　］
嘉祥三年三月十日
一未状［　　　］□〔徳カ〕麿申状
前広麿申云□□

二二―1

×祥三年七×

二二―2

十一日

二二—3

望申

二二—4

□□□

二三

嘉祥

二四

天長九年十一月

二五

使書生
□

（九）第七五次調査出土漆紙文書

二六—1a（オモテ面）

太麻呂
年□
□女

二六—1b（漆付着面）

黒　□〔胡カ〕禄二具
大領公子諸
少領上毛野朝臣虫麻呂
五年□〔上カ〕料　弓四張　矢四具
十二月□日国司
守多治比□〔真カ〕
史生飛鳥戸×
大領公子諸□〔鳥カ〕×
×領上毛野×

二六—2b（漆付着面）

四年

二六—3b（漆付着面）

［　　　　］

［　　　　］

巻

（一〇）第五四次調査出土漆紙文書（追加）

ＳＫ一〇三一

二七—1（漆付着面）

□丁　生部都□麻呂　［　］正丁
　　　　　　　　　口上黒子

二七—2（オモテ面）

船乗人　合三人

□　□□世□

□□乗船［　　　　］□

□丁

二七—3（オモテ面）

□向□

□

二八―1a（オモテ面）

［　］　□陸拾束
海直千麻呂陸拾束
海直□××□束
度津×　×呂肆拾捌束
出羽郡
合口壹□□〔伍ヵ〕拾伍人

二八―2a（オモテ面）

拾

二八―1b（漆付着面）

□六千□
□長官御料三千
四百□〔束ヵ〕
□□□五百八□
［　］

二九a （漆付着面）

　　　　正女
×□〔貳カ〕拾伍　女
×肆拾貳　正女
×貳拾壹　□女
×拾□　正女
×参拾伍　正女
　　　　小女
　　　　×□
×口一黄男　口□妻妾
×小女　口二黄女

二九b （オモテ面）

□□ （天地逆）

(一一) 第七三次調査出土漆紙文書

ＳＫ一六三一

三〇

×麻呂肆×

□

×拾×

春×　×貳拾□

春米連□大□

秋田県・払田柵跡出土漆紙文書

秋田県教育庁払田柵跡調査事務所調査

(一) 第九三次調査出土漆紙文書

遺構外

一

轆轤

斛□　中三 小□

□平□

（二）第一〇〇次調査出土漆紙文書

二

□事力長□
同×□〔妻カ〕子并家等多人
□之×□〔欠カ〕所官物満進
□××□料□〔守カ〕
□

三

第□□
□□□□其
□□×□鮮
□□遙□　館□
乞成□〔昭カ〕之
□□

四

×帳吉
□〔納カ〕財吉

（三）第一二二次調査出土漆紙文書

SKI一五五六C

六a

宮城郷口壹拾陸人　請稲□□貳［　　］
一保長□〔丸カ〕子部圓勝保口壹拾六人　請稲□×
□戸主壬生部益成戸口貳人　請稲□×
□戸主□部子□×

六b

□□□□
□〔下カ〕給陸拾伍斛
　　□斛
［　　］

秋田県・中谷地遺跡出土漆紙文書

秋田県埋蔵文化財センター調査

一

（オモテ面）

□□
　人［　］一升
合
一人□

石川県・戸水C遺跡出土漆紙文書

石川県立埋蔵文化財センター調査

（一）昭和五六年度調査出土漆紙文書

F二区遺物包含層

一

×作訖

×□

（二）昭和五七年度調査出土漆紙文書

二七号溝

二

×□□〔流民カ〕×

×□□〔流カ〕

石川県・加茂遺跡出土漆紙文書

(社)石川県埋蔵文化財保存協会・
(財)石川県埋蔵文化財センター調査

(一)第四次調査出土漆紙文書

一

□□者

(二)第七次調査出土漆紙文書

二

×公□万呂□×
天長九年本□×
　×承和貳×
　　×石一斗

富山県・東木津遺跡出土漆紙文書

高岡市教育委員会調査

ＳＤ六〇

一（漆付着面）

□

□□□

□□□

二（漆付着面）

□大□□□

新潟県・門新遺跡出土漆紙文書

和島村教育委員会調査

SD一五二

一　（オモテ面）

□所請□〔如カ〕
　延長六年十月廿七日□

二　（墨痕なし）

三

　□□□□僅□
□〔人カ〕七八人可□□〔乗後カ〕なるも□
船都不侍若□物□□〔可カ〕
□〔勧カ〕□□□　被仰□□
余〔　〕申侍り　此□
□□尓上申給□
□　なるもよく□
　□□

SD一五九

四（オモテ面）

□

□執□□□□□

□極□伏望察之状如何□

被請給所大刀一腰　宇□

□□請給□而有□

□　□

五（オモテ面）

六月□

□奉請米三斗

請米二石、□

六〜九

（墨痕なし）

新潟県・桑ノ口遺跡出土漆紙文書

新発田市教育委員会調査

土坑二

一

□麻呂

□以今日□□

□□□〔相替カ〕件□□□

新潟県・大淵遺跡出土漆紙文書

新潟市教育委員会調査

一

□〔解または廨カ〕

新潟県・西部遺跡出土漆紙文書

（財）新潟県埋蔵文化財調査事業団・（有）山武考古学研究所調査

一a—1　（オモテ面）

×　□頸城宮仕欲罷止申妻×

×致軽□之間阿［　］虫身死□×

×□十月上旬□〔以カ〕還□×

×方者冬之間×　　×□×

×□×

一a―2（オモテ面）

×□×

×姉×

一b（漆付着面）

×□正丁　佐伯郷戸□×　×剛丸×

×伯マ正丁　同郷戸主

×公正丁　同郷戸主

×坂井郷戸主同甲吉□×

島根県・出雲国府跡出土漆紙文書

島根県教育庁埋蔵文化財調査センター調査

（一）二〇〇九年度調査

二（一号文書）

×麻呂年廿□〔六カ〕
延暦□□×
×置真梶□〔年カ〕□

（二）二〇〇〇年度調査

一

□〔友カ〕□□
□　而之□
可勝九寸□〔右カ〕
□　□以上御□
□□□□

三　（二号文書）

□□〔日死カ〕　自家□
□□〔午カ〕
年□〔廿カ〕
延暦□
□□保□
未麻呂年卌二
延暦三年
麻呂年六十一
延暦三年□□〔正月カ〕
□□〔字カ〕戸成□
□日置首鮒麻□〔呂カ〕
木足戸口□
□□

四―1　（三号文書―1）

□〔私カ〕
時□
□□日
□□□
□□□

四―2　（三号文書―2）

（墨痕確認できず）

四―3　（三号文書―3）

□□〔云カ〕

島根県・青木遺跡出土漆紙文書

島根県教育庁埋蔵文化財調査センター調査

一

年貳

［　　］

□

［　　］

二

□

□
□

□〔物カ〕
□

広島県・草戸千軒町遺跡出土漆紙文書

広島県草戸千軒町遺跡調査研究所調査

（一）第三七次調査出土漆紙文書

一

百

二

与

福岡県・大宰府跡出土漆紙文書

九州歴史資料館調査

（一）第七四次調査出土漆紙文書

一

□

□□〔見カ〕

福岡県・観世音寺跡出土漆紙文書

九州歴史資料館調査

（一）第四五次調査出土漆紙文書

一a（オモテ面。暦注の推定復原は省略）

×□其地□×
者日与歳徳歳徳合月徳合×　×□母倉×
×天道南行 宜向南行 及宜修造　天徳在丁 丁上取土 及宜避病　月厭在戊月×
寅月徳在景合在辛 景辛上取土 及宜修造　月空在壬 壬上取土 及宜修造　三×
×火除　大歳位天恩嫁娶納徴納婦移徙壊垣破屋解除々服□□×
×戊辰木満 魚上水　大□位小歳前天恩九坎厭対経絡市買納財吉外課日遊内×
三日己巳木平　大歳位□□□□冊授祠祀裁衣移徙出行市買納財吉腹内日遊内×
四日庚午土×　×大歳位□□×　×出行安床帳吉腰
五日辛未土執××□大歳位徳合□×

六日壬申金破除手足甲沐浴　大歳位療病解除壊垣□□□斬草吉　手

七日癸酉金危雨水正月中沐浴獺祭魚大歳位剃頭解除壊垣破屋服除□斬草吉内踝

□日甲戌火成　上玄　大歳対厭入学　吉　昼卅六夜五十四　腕×

×乙亥火収　沐浴　大歳対母××重移徙修宅井竈碓納財×　×剃頭補漁□×

×水開　沐浴　大歳対母□月徳加冠拝官冊授祠祀嫁娶納婦結婚入学移徙起土竪×修宅門戸井竈碓斬草吉□×

×水閉　除手甲×　×□×□帰忌塞穴吉　鼻柱

×□天赦加冠拝官冊授徙移出行結婚納徴修宅×

×□加冠拝官冊授嫁娶納婦結□×

一a（漆付着面）

□

□

□

□

□

終章　総括と展望

はじめに

序章で述べたように、本書においては、第III部の集成作業を踏まえて構築した史料学的体系が第I部に相当し、その具体的テーマと資料への適用が第II部に相当する。本書を終えるにあたって、各部で論じたことを概括し、今後の課題を整理しておきたい。

一　第I部について――「官営工房論」の再検討

第I部第一章では、反古紙供給経路を類型化し、漆工のあり方と対応させて考察した。結論として、長期間操業し漆を大量に消費する工房と、大量消費ながら短期間の建築工事現場と、一時的に少量消費する場とでは、供給された反古紙のあり方にも違いが生ずることを示した。また、本章のもう一つの特色は、従来あまり注目されていなかった都城出土漆紙文書を初めて本格的に取り上げ、地方出土資料との比較を行ったことである。都城出土漆紙文書の場合、地方からの漆運搬容器に付されてもたらされた、地方で廃棄された反古文書があり得ること、市で反古紙が流通したことも考慮する必要があることなどを指摘し、より多様な反古紙供給経路が存在することを明らかにした。漆紙文書を出土文字資料として活用するためには、このような反古紙供給のあり方を踏まえ、どこで作成され、どこで廃棄された文書が、どのような経緯で漆工房にもたらされたのかを理解しなければならないのである。

第Ⅰ部第二章では、第一章とは独立に、古代の漆工を総合的に考察した。結論として、天皇・皇貴族発願寺院造営の場合のような大規模な漆需要はもちろん重要であるが、民間の漆工の存在も無視できないことを指摘した。

第一章で明らかにした、漆工房と反古紙供給元が直接関係するとは限らないということ、第二章で明らかにした、漆工は広く民間にも展開していたということを総合して考えると、漆紙文書が出土したからといって、直ちにその工房が官に関係するとは言えないということになる。

発掘調査報告書などを通覧していると、漆紙文書が出土したことをもって、当該漆工房や遺跡自体を、「官営工房である」、あるいは「公的施設である」「官と関係がある」と評価しているものを目にする。確かに、反古紙の供給元は官であることが多く、その限りでつながりがあることは事実である。しかしながら、前記のように、官から工房への反古紙供給経路は多様であり、官以外でも漆工は行われていた。さらに言えば、公文書の反古であったとしても、紙背を別のところで再利用されていたとすれば、「官」と工房との関係はより遠くなる。また、別稿で述べたように(1)、古代において「官営工房」の存在は限定的に考えるべきである。漆紙文書の出土のみで軽々に「官営」である、「公的施設」であるなどのように官との関係を論ずることはできない。まずもって、遺構や他の遺物など、考古学的所見から当該遺跡の位置づけを検討するのが本来の手順であろう。

逆に、文献史学的検討により導き出される文書の内容からは、文書が作成されてから、発信・受信・保管されるに至るまでの動きを復原することができるが、漆工房に流れるまでの動きはわからない。文書の内容は当該資料が出土した漆工房の性格を直接示すものとは限らないのである。文書内容の文献史学的研究と、出土遺跡の考古学的検討は、お互い自立した形で行い、それぞれが得た結論を照合することにより、当該資料の位置づけを行うべきであろう。

二　第II部について——集成の通覧

第II部第一章では、律令国家による人身支配の問題を扱った。特に、計帳作成時における死亡人の把握という論点を取り上げ、律令国家が毎年変化する人口実態を、どのように把握しようとしたのかということを論じた。また、第II部第二章では土地支配の問題を扱った。特に、災害により収穫の得られなくなった田地の認定、租税免除の論点を取り上げ、農業生産の実態をどのように把握しようとしたのかということを論じた。いずれも、第III部で行った集成作業を踏まえて、関係資料を博捜したこと、第I部で論じた史料学的特質を念頭に置いていることが特色であると思う。

これまでの文献史学研究においては、漆紙文書を総合的に検討した先駆けである平川南の研究を除けば、資料の出土に際して調査関係者が当該資料そのものの検討を行ったものや、特定の研究課題に寄与する特定の資料を活用するといった研究が多く、一般的に出土資料の全体を見渡して考察したものは少ないと思われる。また、同じ出土文字資料の木簡と比較して、出土状況、伴出資料、資料の生成から廃棄に至るまでの過程に目配りをした研究も、資料の調査報告を除けば少ないように見受けられる。

木簡の場合は、全国の出土情報を網羅する『木簡研究』誌や、奈良文化財研究所がインターネット上で公開しているデータベース、あるいは発掘調査報告書一覧[2]があって、全体を見渡しやすく、報告書の検索も容易である。これに対し、漆紙文書の場合、そのような研究環境が整っていなかったという面があろう。漆紙文書からは、まだまだ多くの情報を引き出すことが可能であり、本書で取り上げた以外の研究課題に寄与することがあると思われる。本書第III部の集成がそれに役立つことができれば幸いである。

三　第III部について——文字の見えない漆紙

発掘調査では、文字の確認できない漆容器蓋紙が出土することがある。第III部の集成作業を行った際に留意したことは、これらも収録の対象としたことである。一覧表の題目を「漆紙・漆紙文書出土遺跡一覧」としたのはそのためである。

「文字のない漆紙」の中には、もちろん、新しい白紙を使った場合も含まれている。平城京左京八条三坊十坪、右京八条一坊十四坪からは、どう注意深く観察しても文字の痕跡がない資料が出土している。これらについては、『平城京漆紙文書一』(3)に、参考資料として収録しているが、通常は漆紙文書としては報告されないので、注意されることは少ない。しかし、こうした資料も重要な意義を持っている。

一般に、漆紙文書について、古代においては紙が貴重であったから反古文書を再利用した、と評されることはあり、それはそれとして間違いではない。しかし、紙の歴史の中で、古代から現在に至るまで紙が貴重でなかった時代、もっと厳密に言えば紙が二次利用、三次利用されなかった時代というのは恐らく存在しないのであり、紙の供給が少ないことを過度に強調することはできない。古代でも、漆工が白紙を蓋紙として用いることができたという程度には、紙が供給されていたとは言える。

なお、こうした白紙の漆容器蓋紙は、大型で、かつ漆が厚く付着していることが多い。漆パレットのような一時的な使用ではなく、長期間にわたり保管するための、または輸送するための容器に付されていた可能性が高い。文字がなくても、漆工のあり方を考える上で重要な資料である。

しかし、一方で、文字があっても観察できないだけの可能性もある。資料をそのままの状態で赤外線で観察して文字がみえない場合でも、水で濡らすことによって、紙背文書が透けて見えることがあり得る。紙の残りが良い場合、半日程度水に浸しておくことが有効なこともある。

このことは、文字があると報告されているものでも同様である。オモテ面の文字だけが注意され、水で濡らして観察されることなくそのままになっている可能性もある。事実、平城京跡出土第五号文書や、多賀城跡出土第九六号文書などはその例である。いずれも一九七〇年代に出土し、幸いにも肉眼でオモテ面の文書が判読できるほど紙の遺存状態が良かったために、紙背文書が認識できなかったのである。最初に報告されてから四半世紀以上経ってから再調査を行った結果、紙背の文字を確認することができた。

本書第III部「漆紙・漆紙文書出土遺跡一覧」に収録した「文字の見えない漆紙」は、凡例に、注意深く「墨痕が確認できないか、墨痕の有無が明らかでない場合」と記したとおり、必ずしも文字がないことを意味していない。墨痕を認識できていないだけの可能性もある。今後、文字があるものの紙背も含めて、再調査が行われ、新しい知見が得られることを期待する。

おわりに

以上、各部で取り上げた問題ごとに、今後の課題を提起した。本書刊行の目的の一つには、漆紙文書研究に際しての情報と手法の共有化ということがあったので、本書を踏み台として、——自分自身を含め——これからの調査研究が進展することを願っている。

註

（1）古尾谷知浩『文献史料・物質資料と古代史研究』（塙書房、二〇一〇年）
（2）奈良文化財研究所『全国木簡出土遺跡・報告書綜覧』（『埋蔵文化財ニュース』一一四、二〇〇四年）、同『同Ⅱ』（『同』一五四、二〇一四年）
（3）奈良文化財研究所『平城京漆紙文書一』（二〇〇五年）

あとがき

本書を終えるにあたり、まずは、漆紙文書研究の第一人者であり、昨年度国立歴史民俗博物館長をご勇退された平川南先生に御礼を申し上げたい。大学院生時代、歴博の平川先生の研究室で、漆紙文書など出土文字資料の調査補助をさせていただいたことが、本書の全ての基盤となっている。調査室の赤外線画像モニタの前で、平川先生と並んで一日中資料と向き合っていたことが懐かしく思い出される。後に先生が館長という激職に就かれた後では考えられない、贅沢な時間であった。

本書は、その時に得られた知見、身につけた方法論を基礎として、平城宮・京出土資料をはじめとした全国の漆紙文書を通覧した成果を示すものであるとともに、その手法自体を広く伝えようとするものである。第I部付章はそれを端的に示したものであるが、当然著者一人で開発した手法ではない。平川先生はじめ、一緒に調査補助をしていた方々、特に先輩の鐘江宏之氏らのご教示によるところが大きい。あわせて謝意を表したい。

その後、奈良国立文化財研究所に職を得て、平城宮跡の調査に関わることができたが、本書との関連でいえば、最初に従事した発掘現場である第二五九次調査で漆紙文書が出土したこと、研究史上最初に報告された第六八次調査出土資料の紙背文書を見つけたことが、大きな幸運であった。それらのことをきっかけに、過去に平城宮・京跡で出土した漆紙文書を継続して調査することができたが、それも職場の先輩、同僚のご指導があってのことである。研究所の考古学、建築史学などの先輩、同僚をはじめ、同時期に在職していた文献史学のスタッフである綾村宏・舘野和己・寺崎保広・橋本義則・渡辺晃宏・山下信一郎の各氏に御礼申し上げたい。さらに、調査は、資料自体や写真・データの整理を補助していただいている多くの方々の力がなければ成り立たない。漆紙文書調査に直接関わっていただいた方のお名前は、本書の該当箇所にその都度記しているが、全ての補助業務担当者の方々にも敬意と謝意を表したい。また、平城宮・京跡の調査は、過去の蓄積なしには成り立たない。当時すでに研究所を離れられていた諸先輩の学恩にも感謝したい。特に、佐藤信先生には、大学院の指導教官という関係からもご指導を賜っており、感謝に堪えない。

一九九九年に現職に転任したが、その後も奈良文化財研究所にはたいへんお世話になっている。特に、『平城京漆紙文書一』の編集や、二〇〇六年に飛鳥資料館で開催された企画展「うずもれた古文書――みやこの漆紙文書の世界」には、調査員、客員研究員という立場で関わらせていただくことができた。史料研究室長の渡辺晃宏氏をはじめ、当時、あるいは現在まで奈文研に在職されている馬場基・山本崇・吉川聡・市大樹・竹内亮・浅野啓介・桑田訓也・山本祥隆の各氏、飛鳥資料館の杉山洋・加藤真二・西山和宏・清永洋平の各氏に謝意を表したい。

そのほかにも、全国各地の埋蔵文化財調査機関の方々にもたいへんお世話になった。直接ご教示いただいた方々のお名前は例言に記したが、報告書の上で学恩をいただいた方々も計り知れない。あらためて御礼申し上げたい。

また、本書の編集は名古屋大学出版会の橘宗吾氏・三原大地氏にご担当いただいた。編集業務のみならず、このテーマを見いだして出版をお勧めいただいたこと自体にも感謝申し上げたい。

最後に私事で恐縮であるが、研究者への道を進ませてくれた両親、現在の研究を支え、また本書作成に直接協力してくれた妻への感謝を記して本書を終えたい。

二〇一四年九月

古尾谷　知浩

初出一覧

序　章　書き下ろし

第Ⅰ部

第一章　「漆紙文書の来歴」（『漆工房と漆紙文書・木簡の研究』平成一六～一八年度科学研究費補助金若手研究Ａ〈課題番号一六六八二〇〇二〉研究成果報告書、二〇〇六年）を改稿。これは「都城出土漆紙文書の来歴」（『木簡研究』二四、二〇〇二年）および「漆の流通と漆紙文書」（奈良文化財研究所編『平城京漆紙文書一』、二〇〇五年）を増補したものである。

第二章　「古代の漆工」（『名古屋大学文学部研究論集』一七九、二〇一四年）

付　章　書き下ろし

第Ⅱ部

第一章　「日本古代の籍帳類にみる死亡人」（『ＨＥＲＳＥＴＥＣ』二―二、二〇〇八年）

付　章　書き下ろし

第二章　「日本古代における律令規定と行政文書」（名古屋大学大学院文学研究科グローバルＣＯＥプログラム「テクスト布置の解釈学的研究と教育」第八回国際研究集会報告書『日本語テクストの歴史的軌跡』、二〇一〇年）

第Ⅲ部

漆紙・漆紙文書出土遺跡一覧　『漆工房と漆紙文書・木簡の研究』（前掲）所収のものを増補。

漆紙文書釈文集成　『漆工房と漆紙文書・木簡の研究』（前掲）所収のものを増補。

終　章　書き下ろし

《著者略歴》

古尾谷《ふるおや》 知浩《ともひろ》

1967 年　東京都に生まれる
1990 年　東京大学文学部卒業
1992 年　東京大学大学院人文科学研究科修士課程修了
1995 年　東京大学大学院人文科学研究科博士課程単位取得退学
　　　　奈良国立文化財研究所文部技官などを経て
現　在　名古屋大学大学院文学研究科教授，博士（文学）
著　書　『律令国家と天皇家産機構』（塙書房，2006 年）
　　　　『文献史料・物質資料と古代史研究』（塙書房，2010 年）他

漆紙文書と漆工房

2014 年 11 月 10 日　初版第 1 刷発行

定価はカバーに
表示しています

著　者　古尾谷　知　浩

発行者　石　井　三　記

発行所　一般財団法人　名古屋大学出版会
〒 464-0814　名古屋市千種区不老町 1 名古屋大学構内
電話(052) 781-5027 / FAX(052) 781-0697

印刷・製本 ㈱クイックス　ISBN978-4-8158-0783-2

索　引

・この索引は,「人名・事項」,「研究者（機関）名・史料所蔵者（機関）名」,「史料（群）名・文書様式名」,「遺跡名・出土文字資料（群）名」からなる。
・研究機関名のうち,「財団法人」などが冒頭に付く場合は，見出し語句には（財）を付したが，配列順としては，これを除いた文字に従って採録した。また，国立の研究機関が独立行政法人となった場合，名称の冒頭に機構名が付くことがあるが，これは省略した。
・研究機関名のうち，地方自治体関係については，報告書刊行時の名称で採録した場合がある。
・出土文字資料については，史料名ではなく，出土した遺跡名として採録した。また，例えば「長屋王家木簡」,「二条大路木簡」なども，長屋王邸跡の溝 SD4750，二条大路濠状遺構 SD5100，SD5300，SD5310 出土木簡という扱いで遺跡名に入れた。
・当該語句が章または節全体に関わる場合，その章または節の最初と最後の頁を掲出した場合がある。また，当該語句に関わる記述が次頁以降に及ぶ場合，その頁も掲出した場合がある。
・総称を個々の語句に分けて立項し，双方に採録した場合（例えば「籍帳」を「戸籍」と「計帳」に採録）がある。
・索引の語句には，同義語，類似表現のうち，代表的なものだけを立項し，これに統合して採録した場合（例えば「節部省」を大蔵省に統合）がある。

人名・事項

あ　行

か　行

さ　行

た　行

な　行

は　行

研究者（機関）名・史料所蔵者（機関）名

や・わ行

史料（群）名・文書様式名

あ・か行

さ　行

た　行

な・は行

や・ら行

遺跡名・出土文字資料（群）名

漆紙文書釈文索引

・この漆紙文書釈文索引は，「事項」，「国郡郷里名・地名」，「氏姓等」，「官職・位階等」，「年号」，「助数詞」，「年齢，年齢区分等」からなる。
・釈文中の語句を採録し，遺跡名や解説文中の文言は採録していない。
・一部については，文書の内容を示す語句（例えば「具注暦」など）や総称（例えば「位階」や「勲位」など）を括弧に入れて採録した。また，釈文中の語句になくても，必要な事項を補って立項している場合もある（例えば，釈文中に「守」とあってこれが出羽守であることが明らかな場合，「出羽国司」としても立項した）。
・国郡郷里名・地名索引は『延喜式』民部省の国郡配列に従った。
・官職名については，一つの官職が細分されている場合，項を区別せず採録した場合がある。
・年号索引は年代順に配列した。
・単語の一部が欠損している場合，採録しない場合がある。

事　項

あ　行

か　行

さ　行

国郡郷里名・地名

氏姓等

あ　行

か　行

さ　行

た　行

官職・位階等

年　号

助数詞

年齢・年齢区分等